U0538817

兩岸和平統一不可能實現
美國、中國大陸與台灣的政策錯位

戴東清——著

林序

　　非常榮幸能夠為戴教授的新作《兩岸和平統一不可能實現：美國、中國大陸與台灣的政策錯位》寫序，先睹為快。戴教授從現實主義，自由主義及建構主義的角度，來論證美國因受到現實主義的霸權競爭與文明衝突思維的影響，對中採取的是戰略圍堵政策，打「台灣牌」成為其政策的重要部分，自然不樂見兩岸「和平統一」，否則會使該國利益受損。至於中國大陸主要是從自由主義的思維出發，希望透過經濟交流與經濟融合，達到縮短兩岸政治距離，甚至政治統合的目標，然而該政策因未能照顧台灣人認同的需要，以致未能發揮促進「和平統一」的效果。台灣是以建構主義的認同來看待兩岸「和平統一」問題，基於中華民國在國際社會不被承認，使「中國人認同」失去基礎，取而代之是「台灣人認同」的強化，當然不利於兩岸「和平統一」。

　　戴教授特別提及美國，中國大陸與台灣三方的任何一方若改變原有的政策思維，就會讓兩岸「和平統一」有機會實現；不過上述任何一方要改變政策思維的可能性都極低，這也就意味兩岸

「和平統一」不可能實現。這樣的觀點雖然與本人的看法有所差異,然而本書針對兩岸和平統一為何不可能實現的嚴謹分析,仍值得讀者細細品味,特予推薦。

林中斌

徐序

　　戴東清教授這本專著，由美國因素、中國大陸因素、台灣的因素，分別討論何以台海兩岸的和平統一，可能性極低。整體而言，本書是從「實然」而非「應然」層面來探討兩岸關係。戴教授在上述三個層面中，都提出了基於經驗事實的縝密分析，導引出具有說服力的結論。尤其，戴教授分別由現實主義、自由主義、建構主義三大國際關係理論的主要典範，來論述美國、中國大陸、台灣面對三邊關係的策略主軸，有助於掌握三者行為的主要驅動因素之一，更是十分值得國內學界參考。

　　本書在結論部分指出，倘使上述三方只要有一方能改變原先所持有的策略主軸，和平統一的可能性將大為增加。此一論點，也為學者們提供了未來可以進行後續研究加以檢證的命題。值得吾人注意的是，三個行為者中，台灣看來雖然綜合國力與整體影響力相對較小，然而從「和平」統一的角度而言，如果說和平的概念必須以完全自願而不受脅迫為前提，那麼台灣其實在扮演「否決者」（veto player）角色的份量上，恐怕更重於其他兩者。

當我們看到2008年以後,在「中國認同」、「台灣認同」、「雙重認同」三種選項中,選擇選項二的民眾開始超過選項三,而且主要體現在台灣的年輕世代時,那麼在另一個兩岸關係的民調—選擇「長期或短期支持統一」、「長期或短期支持獨立」、「長期或短期支持維持現狀」—當中,是否日後選項三仍能長期保有絕對多數甚或相對多數的領先,將會是值得觀察的重大課題。

徐斯勤

張序

　　我院任職國際系的戴東清教授，近年來秉持其專業素養持續關注兩岸關係、中美台三角關係，陸續出版了數本析論精闢、擲地有聲的大作，分別是2022年的《2025-2027台海一戰？》、2023年的《五大矛盾限制台灣發展》。在這幾本專書裡，東清教授分別從美國內部因素、大陸內部因素以及台灣內部因素深入分析，研判台海可能爆發的時間點，以及避戰的最佳上策。同時，也深入探討兩岸情勢僵局為何未見緩解且持續惡化，以及台灣何以陷入永續發展結構性矛盾的緣由。

　　為了尋找兩岸之間避戰的最佳上策，以及構思兩岸之間永遠和平相處之道，東清教授再度發揮連續兩年盛夏閉關撰寫《2025-2027台海一戰？》、《五大矛盾限制台灣發展》一書精神，於地球再次迎來有紀錄的最炎熱今夏之際，於汐止山居完成了《兩岸「和平統一」不可能實現：美國、中國大陸與台灣的政策錯位》一書。

《兩岸「和平統一」不可能實現：美國、中國大陸與台灣的政策錯位》一書，開宗明義直陳兩岸為何要「和平統一」的目的性相當鮮明。同時，鋪陳兩岸和平統一涉及的國際關係理論問題，例如現實主義、自由主義及建構主義，為該書建構了宏觀的理論視野。接下來，該書分別從美國、中國大陸以及台灣三方，論述其對兩岸和平統一的立場，並將章節安排依序為：美國不樂見兩岸「和平統一」、中國大陸兩岸「和平統一」政策乏力、台灣無意兩岸「和平統一」。

　　該書的結論指出，既然兩岸「和平統一」需要美國、中國大陸與台灣三方面的政策配合，任何一方的政策不到位，都不可能讓兩岸「和平統一」實現。這也是最壞劇本正在登場的原因之一。同時，東清教授更一針見血指出，兩岸對「和平統一」漸行漸遠，關鍵在於主權衍生出來的認同問題。當台灣大部分民眾傾向永遠維持現狀，且不統已經成為政治正確思維的情況下，勢必會與中國大陸反分裂法中「和平統一的可能性完全喪失」，以及習近平所謂「台灣問題不能一代一代拖下去」的主張產生衝撞。明顯的，兩岸在「和平統一」議題上攤牌也是遲早的事，這也是最壞劇本正在登場的原因之二。通篇而論，東清教授對深入闡釋了兩岸無法「和平統一」的主客觀因素，既有嚴謹的理論論述，字裡行間更流露知識分子的憂國憂民之心，令人敬佩。

東清教授是本院同仁，也是多年好友，今謬承其邀約為大作作序，乃爰筆略述如上，以記此書微言大義及時代意義。是為序。

南華大學社會科學院院長　張裕亮　敬啟

2024.10.2.

黃序

當「疑美論」在台灣甚囂塵上，東清兄這本大作以許多事例及推敲，一口氣針對兩岸關係提出了「疑美」、「疑陸」、「獨台／台獨」三大發展。他懷疑（甚至不相信）美國對支持和平統一的承諾，懷疑（或者不看好）中共當局對和平統一政策的力度與效度，研判（也許說斷言）當前台灣多數人寧願維持現狀或追求獨立也不會接受和平統一。

東清兄近年的專著常聚焦於兩岸關係的「次差情境」（second-worst scenario），描繪、預測著台海開戰之外的高度政軍關係緊張。但他並非無可救藥的悲觀主義者，因為他也會藉著研究與經驗，發揮知識分子的良心，提出緩解兩岸緊張的政策建議，例如兩岸若能試著坐下來和談，又如台灣、中國大陸或美國只要有任何一方願意或能夠調整讓現狀逐漸惡化的政策。

最後，他這本大作提醒讀者，兩岸之間雖然要做最壞的打算，但是也要做好「冬天已到，春天還會遠嗎？」的各種準備。可能有人會認為他的政策建議根本不可行或不可能，但世事變化多

端，有誰真的能斬釘截鐵地說，兩岸間或台美陸三邊關係中，某些確有機率的事情一定不可行或不可能？絕對別說絕不（never say never）。

黃奎博

自序

　　兩岸「和平統一」是中國大陸自1979年來以的對台政策方針，不料45年過去了，兩岸距離「和平統一」不但沒有更近，反而顯得更遠，究竟發生了什麼事？為何大陸的「和平統一」政策反而讓兩岸距離「和平統一」愈來愈遠。中國大陸2005年通過《反分裂國家法》，其中採取非和平手段處理台灣問題的條件之一就是「和平統一」的可能性完全喪失，兩岸「和平統一」的可能性已經完全喪失了嗎？若果如此，不就意味著兩岸即將兵戎相見？

　　關心兩岸關係發展的人士都清楚，影響兩岸關係的因素不外乎美國因素、中國大陸因素及台灣本身的因素。兩岸和平一遲遲無法實現，也勢必與上述三項因素有關。因此本書將探討美國、中國大陸、及台灣的那些政策取向，導致兩岸「和平統一」不可能實現，而面臨必須採取非和平手段來促成兩岸統一之困境的原因。若三方未能及時調整政策，面臨兵戎相見的狀況將指日可待。

本書的出版，首先當然要感謝前美國喬治城大學林中斌教授、台灣大學徐斯勤教授、南華大學張裕亮教授、政治大學黃奎博教授（按姓名筆劃順序）為本書寫推薦序，增加本書的可讀性。其次，要感謝本書的編輯，在本書出版上所提供的協助。再次，也要感謝親愛的家人，總是在背後默默支持個人的研究工作。最後，要感謝的就是本書的讀者，透過閱讀本書及分享書中的觀點，能為兩岸的和平互動提供些許助力。

目次

林序／林中斌	003
徐序／徐斯勤	005
張序／張裕亮	007
黃序／黃奎博	010
自序	012

第一章　導論 … 017
　　第一節　兩岸為何要「和平統一」？ … 017
　　第二節　兩岸統一涉及的理論問題 … 023
　　第三節　章節安排 … 032

第二章　美國不樂見兩岸「和平統一」 … 039
　　第一節　美國台海政策的戰略思考 … 040
　　第二節　兩岸「和平統一」恐傷及美國國家利益 … 045
　　第三節　美國一中政策的弔詭 … 061

第三章　中國大陸兩岸「和平統一」政策乏力　　072

第一節　一中原則難縮短統一距離　　072
第二節　外交打壓與武力威嚇效應遞減　　078
第三節　經濟融合效果不彰　　087

第四章　台灣無意兩岸「和平統一」　　094

第一節　不統思維是政治正確　　094
第二節　國際空間打壓引發反感　　103
第三節　經濟利益無法增進認同感　　111

第五章　結論　　119

第一節　兩岸「和平統一」無實現條件　　119
第二節　最壞劇本正在登場　　133

參考文獻　　138

第一章
導論

第一節　兩岸為何要「和平統一」？

　　中國大陸人大委員長葉劍英於1979年1月1日發表「告台灣同胞書」，提出兩岸「和平統一」的政策綱領，確立了未來兩岸統一要採取和平方式的路線。[1]然而40餘年過去了，兩岸不但距離「和平統一」愈來愈遠，中國大陸反而有放棄「和平統一」而改採武力統一的態勢。尤其是中國大陸在2005年曾經通過《反分裂法》，其中採取非和平方式捍衛國家主權和領土完整的條件之一，即為『和平統一』的可能性完全喪失。[2]由此可知，雖然統一是中國大陸兩岸關係的終局安排，以和平方式優先，但是當窮盡一切和平方式仍然無法達成目標，也不排除使用非和平方式，

---

[1] 於婷婷，《中華人民共和國全國人大常委會告台灣同胞書》發表，中國共產黨新聞，1979年1月1日，http://cpc.people.com.cn/BIG5/64162/64165/76621/76622/5230336.html。上網日期：2024年7月16日。

[2] 中華人民共和國全國人大，反分裂國家法，**新華網**，2005年3月14日，http://news.xinhuanet.com/taiwan/2005-03/14/content_2694168.htm。上網日期：2024年7月16日。

這就是北京當局制訂《反分裂法》的用意所在。

此外，《反分裂法》也明定「台獨分裂勢力以任何名義、任何方式造成台灣從中國分裂出去的事實」、或者「發生將會導致台灣從中國分裂出去的重大事變」兩條件，北京當局都有可能採取非和平手段來實現統一。換言之，台灣要脫離中國獨立的可能性幾乎不存在，除非北京當局改變立場，或著是內外部發生重大事變，使其沒有能力使用非和平方式來統一台灣；又或者台灣已經準備好為獨立而戰，並在國際社會支持下打贏獨立戰爭，才有可能。問題是台灣軍民已經做好為獨立而戰的準備了嗎？即使台灣做好準備，國際社會有足夠力量支援嗎？若是戰敗，台灣就完全落入北京當局之手，不是損失更大嗎？

烏克蘭在俄烏戰爭中得到國際社會支持的力量少嗎？但是兩年多戰爭結果讓烏克蘭近五分之一國土仍然被俄羅斯佔領，[3] 且根據歐盟救援組織的估計有800多萬烏克蘭人民成為難民，[4] 台灣若與大陸發生戰爭，國際支持的力量肯定不會比烏克蘭多，結

---

[3] 維多利亞・普萊斯茲卡（Victoria Prysedska）、卡特琳娜・欣庫洛娃（Kateryna Khinkulova），烏克蘭戰爭兩週年：戰爭何時結束等五個關鍵問題的答案，BBC中文網，2024年2月22日。https://www.bbc.com/zhongwen/trad/world-68356503。上網日期，2024年7月31日。

[4] Ukraine Crisis, Rescue.org/EU, https://www.rescue.org/eu/country/ukraine?gad_source=1&gclid=Cj0KCQjwwae1BhC_ARIsAK4Jfrwv6Hya6IEFSgkmeVQAn3ThD04UGDl0lVZIISUyq902NH_BwvPl53QaAoT1EALw_wcB. Retrieved on July 31, 2024.

局如何相信大家都已心知肚明！更何況若戰爭發生地是在台灣本島，如此高的人口密度，傷亡恐怕會比烏克蘭有過之而不及，所以應該想方設法避戰，否則戰爭慘烈的程度，恐會超過人們的想像。既然獨立必然面臨戰爭，若不想戰爭，只能選擇「和平統一」，關鍵在於何時「和平統一」對台灣最有利？

實際上兩岸「和平統一」並非北京當局片面的主張，《中華民國憲法》及其增修條文暨《台灣地區與大陸地區人民關係條例》（簡稱《兩岸人民關係條例》），都預設兩岸統一的終局安排。君不見《中華民國憲法》第四條明定：「中華民國領土，依其固有之疆域，非經國民大會之決議，不得變更之。」[5]國民大會經過修憲虛級化後，領土變更程序修改為：「非經全體立法委員四分之一之提議，全體立法委員四分之三之出席，及出席委員四分之三之決議，提出領土變更案，並於公告半年後，經中華民國自由地區選舉人投票複決，有效同意票過選舉人總額之半數，不得變更之。」[6]

既然中華民國憲法明定領土範圍為「依其固有之疆域」，在未修憲前，領土包含「固有之疆域」的中國大陸，不是再自然也

---

[5] 法務部，中華民國憲法，**全國法規資料庫**，https://law.moj.gov.tw/LawClass/LawAll.aspx?pcode=A0000001。上網日期：2024年7月14日。
[6] 法務部，中華民國憲法增修條文，**全國法規資料庫**，https://law.moj.gov.tw/LawClass/LawAll.aspx?pcode=A0000001。上網日期：2024年7月14日。

不過的事嗎？因此根據憲法而制定規範兩岸人民交流的《兩岸人民關係條例》，才會明定「大陸地區：指臺灣地區以外之中華民國領土」。[7]在兩岸都屬中華民國領土的情況下，有朝一日達成統一，不也是水到渠成嗎？

更何況中華民國憲法增修條文在前言的部分提及「為因應『國家統一前』之需要，依照憲法第二十七條第一項第三款及第一百七十四條第一款之規定，增修本憲法條文如左」等的字句；根據中華民國憲法精神所訂定的兩岸人民關係條例的第1條也明定：「『國家統一前』，為確保臺灣地區安全與民眾福祉，規範臺灣地區與大陸地區人民之往來，並處理衍生之法律事件，特制定本條例。」既然都提及「國家統一前」的需要，不就代表「現狀」是暫時現象，未來是要朝向統一的方向發展嗎？任何支持台灣獨立或永久維持現狀的主張，其實都有違憲之虞，只是為了達到某種政治目的。[8]

1991年總統府國統會制訂，後經行政院院會決議通過的「國家統一綱領」，將兩岸關係發展區分為三階段，分別為近程交流互惠、中程互信合作、遠程協商統一；其中協商統一階段工作

---

[7] 法務部，台灣地區與大陸地區人民關係條例，**全國法規資料庫**，https://law.moj.gov.tw/LawClass/LawAll.aspx?pcode=A0000001。上網日期：2024年7月14日。

[8] 台灣政治與憲法的矛盾，請參戴東清，認清與化解台灣的五大矛盾，台北：致出版，2023年，頁26-39。

為：「成立兩岸統一協商機構，依據兩岸人民意願，秉持『政治民主、經濟自由、社會公平及軍隊國家化』的原則，共商統一大業，研訂憲政體制，以建立民主、自由、均富的中國」。[9]儘管《國家統一綱領》在2006年5月終止適用，但是並未廢止，因此依據中華民國憲法而制訂的《國家統一綱領》，仍然對兩岸關係未來的發展，提供可依循的路線圖之一。

尤其是國統綱領律定協商統一需要依據兩岸人民意願，換言之，若台灣人民沒意願，兩岸關係只會停留在國統綱領的第二階段。如此既不會讓北京當局有「和平統一」可能性完全喪失」的藉口而採取非和平方式統一，也能夠讓台灣在兩岸關係發展中有更多的緩衝空間，何樂而不為！更何況兩岸統一要秉持「政治民主、經濟自由、社會公平及軍隊國家化」的原則，大陸要達成那樣的條件，更需要許多時間，台灣豈不是有更多時間發展自己，以利在兩岸關係發展中立於不敗之地，誰知道未來又會如何呢？

歷史就是如此地弔詭，若當時中國大陸對於《國統綱領》有正面的回應，或許兩岸關係的今天不會如此劍拔弩張。誠如前行政院院長蘇貞昌2006年在終止《國統綱領》時所作專案報告時表

---

[9] 陸委會，國家統一綱領，**大陸資訊及研究中心**，https://www.mac.gov.tw/MAIRC/cp.aspx? n=4C58A4ADA7179B7F&s=0BA88C5B2082277F。上網日期：2024年7月15日。

示：「據當時兼任陸委會主委之行政院副院長施啟揚所作『中國大陸對我《國家統一綱領》之反應』報告說明，中國大陸對《國統綱領》之反應，除『共建統一的中國』一詞給予肯定外，對所揭示之目標、原則及進程，均極盡詆譭之能事，毫無採納、商榷誠意。」[10]或許北京當局當時不認為李登輝真心想國家統一，或許李登輝自己在這個問題上也只是走一步算一步，但是若北京將《國統綱領》的球接過來，使兩岸在政治、經濟、社會上都先互動起來，並承諾在這些方面進行漸進改革，或許就不會有1996年台灣總統大選時的武力威脅台灣，以及李登輝走向台獨的情況發生，兩岸也不會因此失去了一次共建和平的機會。[11]

正因為中華民國憲法及其增修條文有兩岸「終極統一」的意涵，因此陸委會的「台海兩岸關係的發展」說帖，才會出現「中華民國政府以『『一個中國、兩個對等政治實體』做為兩岸關係定位的架構，期望兩岸關係朝向和平、務實、理性的方向發展。中國大陸當局應瞭解，此一做法乃是促進『中國統一』的最佳選擇。在兩岸交流過程中，中國大陸應袪除對中華民國政府追求國家統一目標與決心的懷疑。如何在分裂分治的現實基礎上，積極

---

[10] 蘇貞昌，終止國統會運作、國統綱領適用相關決策專案報告，**國會圖書館**，2006年3月6日。https://npl.ly.gov.tw/npl/report/950306/1.pdf。上網日期：2024年7月15日。
[11] 郝志東，兩岸關係運作方式中的謬誤與迷思，**中國評論**，第275期，2020年11月，頁54-57。

營造統一的有利條件，使兩個不同『政治實體』逐漸融合為『一個中國』，應當是中國大陸當局急需思考的方向。」[12]等的字眼。由此可知，台灣唯有向兩岸統一的路徑靠近，才有確保和平的可能性，否則就要做好戰爭的準備，這也是兩岸為何要「和平統一」的根本原因。

第二節　兩岸統一涉及的理論問題

影響兩岸關係的主要因素有美國因素、中國大陸因素及台灣因素，而彼此間的互動實際受到國際關係的影響，因此有必要介紹主要國際關係理論中的現實主義、自由主義與建構主義，以釐清究竟那些思維影響其政策制訂。現實主義主要認定國際體系是無政府狀態，國家是一致且理性的行為者，以及權力決定了國家的外交政策作為。在現實主義的次級架構中，攻勢現實主義代表國家為了維護生存必須讓權力極大化，追求霸權進而導致永無止境的競爭，守勢現實主義的生存之道在於安全極大化，重視權力平衡最終將面對永無止境的相互防備。[13]

---

[12] 陸委會，台海兩岸關係的發展，**大陸資訊及研究中心**，https://www.mac.gov.tw/MAIRC/cp.aspx?n=036E78FF20D91CFA。上網日期：2024年7月15。
[13] 現實主義的角度，請參見廖舜右，現實主義，張亞中、張登及編，**國際關係總論**（五版），台北：揚智，2020年，頁43-74。

由於現實主義無法解釋為何美蘇會從對峙走向冷和，因此自由主義作為批判現實主義的主張就受到重視。自1990年代中出現的新自由主義，主要有四種理論分支：探究自由貿易的商業型自由主義、探究民主政治體制的共和型自由主義、探討跨國互動關係的社會型自由主義，以及分析國際制度的自由制度主義。[14]新自由主義認為國家間的利益不是一成不變的，而是受到各種國內與國際的條件與因素的影響，政府部門、利益團體，甚至個人都可能對一國的外交政策造成影響，進而影響國際關係。[15]

　　建構主義的主要論點是，認為觀念、認同、結構和能動者相互建構造成國際體系本質變化，其中觀念決定認同，而認同會決定國家角色與利益，最終影響國家的對外政策與行為。溫特認為國家的身分認同是基於個人對自我在體系中的理解與期待，體系文化的不同將會造成認同的產生與變化；與其他體系內成員的互動也會影響國家的身分認同。[16]具體言之，國際文化環境對於認同的影響主要體現在影響國家的生存展望，以及影響國家的樣式

---

[14] 自由主義的思維，請參見盧業中，新自由主義，張亞中、張登及編。**國際關係總論（五版）**，台北：揚智，2020年，頁75-104；宋學文，新自由制度主義之過去、現在與未來，包宗和編。**國際關係理論**，台北：五南，2011，頁139-174。盧業中，新自由主義。

[15] Ibid.

[16] 建構主義的內涵，請參見廖小娟，社會建構主義與英國學派，張亞中、張登及編。**國際關係總論（五版）**，台北：揚智，2020年，頁161-190。

特徵。個人對於自我體系中的理解與期待,可謂是與班納迪克的「想像共同體」有異曲同工之妙,隨著時間的演進此種理解與期待的「想像共同體」的感受就會愈強烈。[17]

本書發現美國是以現實主義的角度來制定台海政策,基於與中國大陸霸權競爭的需要,且會導致零合的情況出現,自然會設法阻撓兩岸「和平統一」進程。畢竟若是中國順利完成統一,勢必會對其以霸權主導世界秩序造成影響。為不使其在與中國大陸霸權競爭中落居下風,不樂見兩岸統一乃勢所必然。美國基於「聯中抗俄」的需要與中華民國斷交,轉與中華人民共和國建立正式邦交關係,也是緣於美蘇爭霸的緣故。雖說是為了顧及台灣民眾的利益,制訂了《與台灣關係法》。此種以國內法的形式來規範與外國公民的關係,可說是全世界絕無僅有的立法形式。該法固然有利於保障台灣民眾在美國的各項權益,但無形中也對兩岸統一造成影響。

實際上美國也不是一直基於現實主義的思維來制訂其台海政策,在1980、1990年代其實是也曾想透過自由主義的思維考量其與兩岸之間的關係,[18]亦即透過經濟合作促使中國大陸改變其政

---

[17] 想像共同班體的形成,請參見納迪克‧安德森,吳叡人譯,想像的共同體:民族主義的起源與散佈,1999年,台北:時報出版社。
[18] Ibid.

治體制，進而改變未來彼此競爭的格局，也就是所謂的「和平演變」。[19]實際的作法就是在中國大陸2001年加入世界貿易組織之前，將最惠國待遇與人權問題掛鉤，希望能夠藉此改變中國大陸的政治體制。[20]畢竟能重視人權的國家，將人民的權利視為施政優先順位，距離民主政體也不遠了。然而，美國柯林頓政府有鑑於該政策效果似不彰，於是在1994年將最惠國待遇與人權問題脫鉤，此舉不但引起反對黨國會議員的不滿，也被人權觀察組織批評是在人權議題上投降。[21]若是美國不將人權問題與貿易脫鉤或者持續以經濟合作而非戰略圍堵，來促使中國大陸政治體制的改變，或許今日的美中關係，甚至兩岸關係都會呈現不同的面貌。

中國大陸主要是透過自由主義的方法制訂對台政策，希望藉由加深經貿依賴制度設計，以商圍政促進「和平統一」的水到渠成，例如與台灣簽訂兩岸經濟合作框架協議（ECFA），片面讓台灣的農產品輸入而不要求對等開放；在台南學甲地區簽訂了保證虱目魚收購的五年契作合約，明顯就是想要運用經濟合作的制

---

[19] Russell Ong, Peaceful Evolution, Regime Change and China's Political Security, *Journal of Contemporary China,* 2007, 16(53):717-727

[20] John M. Broder and Jim Mann, China Trade Status : Commerce: President 'de-links' most-favored-nation privilege from human rights, *Los Angles Time*, May 27, 1994, https://www.latimes.com/archives/la-xpm-1994-05-27-mn-62877-story.html.Accessed August 3, 2024 .

[21] Ibid.

度來達成統一的目標。中國大陸國家主席習近平執政後更提出融和發展的概念，[22]無非也是想要利用經濟合作制度的紐帶，來縮短兩岸對於推動「和平統一」進程的落差。

不過此種透過經濟合作來縮短政治距離的政策作為，顯然未能奏效，否則台灣民眾怎會在2000年、2004年、2016年、2020年、2024年選出五屆民進黨籍的總統，而民進黨未凍結的台獨黨綱，旨在建立一個「新而獨立的國家」，傾向獨立的立場可謂是十分明顯。尤其是2024年選出自稱為「務實台獨政治工作者」的總統，甚至比前兩位民進黨籍總統的立場更偏向獨立，這無異說明距離兩岸統一的路又更遠了一步。

即使民進黨為執政所制訂的《台灣前途決議文》，也明定「台灣是一主權獨立國家，其主權領域僅及於台澎金馬與其附屬島嶼，以及符合國際法規定之領海與鄰接水域。台灣，固然依目前憲法稱為中華民國，但與中華人民共和國互不隸屬，任何有關獨立現狀的更動，都必須經由台灣全體住民以公民投票的方式決定」。[23]明顯是採取沒有獨立之名，確有獨立之實的主張，因為將主權領域僅限定「及於台澎金馬與其附屬島嶼」，且與「中

---

[22] 習近平兩岸發展關係，**中國評論**，https://hk.crntt.com/crn-webapp/cbspub/secDetail.jsp? bookid=59622&secid=59644。上網日期：2024年8月3日。
[23] 民進黨，台灣前途決議文，DPP藏經閣，https://www.dpp.org.tw/news/contents/3659。上網日期：2024年8月4日。

華人民國中華人民共和國互不隸屬」，不就是以中華民國之名獨立於台灣，無視於中華民國憲法規定領土範圍是「固有之疆域」嗎？這也說明若是無法在國際空間讓中華民國有被認同的空間，台灣民眾只能透過一次一次的選舉來彰顯台灣認同，這不僅使認同問題被激化，也使得兩岸「和平統一」的可能性愈來愈低。

台灣的大陸政策則可以從建構主義來理解，基於認同、規範、文化的變化，國家認同與利益被重新塑造，台灣認同遠遠超過中國認同，對於推動兩岸「和平統一」的驅動力自然減弱。[24]君不見政治大學選研中心關於中國人、台灣人認同的民調，中國人的認同的比例逐年降低，台灣人認同的比例屢創新高。[25]台灣人認同創新高，同時有歷史的因素、地理的因素及政治的因素。歷史的因素，兩岸人民雖然同文同種，但是經過四百年不同的歷史經驗，以及七十餘年的隔絕，台灣人自然容易形成本身的想像共同體。地理上兩岸隔著台灣海峽，土地沒有連結，自然不容易與大陸的中國產生一體的感覺。英國在1973年加入歐盟至2020年退出為止共經過了47年，若不是因為地理的因素，又豈會在47年後退出？

---

[24] 廖小娟，社會建構主義與英國學派。
[25] 政大選舉研究中心，臺灣民眾臺灣人/中國人認同趨勢分佈，https://esc.nccu.edu.tw/PageDoc/Detail?fid=7804&id=6960。上網日期：2024年8月4日。

英國經過47年都無法完全融入歐盟，兩岸自1949年隔著海峽分治至2024年已歷經75年，期間並無像英國與歐盟般地建立共同市場，要融合的難度更高。英國的例證說明，經濟統合並無法達到政治統合的目標，若是國家認同與利益被重新塑造，即使曾經是共同市場也會退回到自由貿易協定的關係。因此若不從認同方面著手，實際上很難從經濟統合過渡到政治統合。更何況台灣的年輕人在本土化教育薰陶之下，台灣人認同的趨勢日益強烈，甚至出現所謂「天然獨」的現象，政治人物或政黨為了吸納選票，豈能採取偏統的立場，否則只能與執政權說再見。[26]因此若要促進兩岸「和平統一」，非得從改變認同著手不可，讓台灣民眾有機會與大陸共同建立想像共同體，而不是使「我者」與「他者」的印象更加強化。簡言之，兩岸「和平統一」若要實現，非得三方運用不同主義的思維來轉變情勢，否則終將難以避免武力統一的課題。

　　新自由主義中之民主政治體制的共和型自由主義，旨在探討民主、政體與和平之間關係，因兩岸分屬不同政體，不適合運用在處理兩岸的經貿關係的發展外，其餘三項理論分支不論貿易互賴、國際制度、國際建制都能夠達成和平的目標。[27]尤其是國際

---

[26] 台灣年輕人的天然獨現象，請參考戴東清，認清與化解台灣的五大矛盾，台北：致出版，2023年，頁78-88。
[27] 盧業中，新自由主義。

制度中的新功能主義，有了世仇德法能夠達成歐洲經濟一體化的整合目標之實際案例，在兩岸面臨兵兇戰危的處境狀況下，該理論分支似能發揮極大的借鑒作用。儘管習近平提出的融和發展，不是使用新功能主義的說法，不過其精神卻是希望能夠透過經濟整合的手段，漸近地朝向政治整合的方向邁進。不過預示歐洲政治整合的歐洲憲法因引發各國疑慮，而必須以較為寬鬆的里斯本條約代替，說明經濟整合要邁向政治整合的難度不小。

同樣地自從1987年年臺灣開放居民到大陸探親之後，臺灣赴大陸探親、旅遊，或從事商務考察的群眾愈來愈多，進而也帶動對大陸投資和資金往來迄2024年，已歷經37年，彼此的經貿關係愈來愈密切。尤其是2010年兩岸簽訂ECFA，讓彼此的經貿互賴更深，若是兩岸服貿協議在簽署後順利上路，貨貿也能順利完成簽署，則兩岸經濟一體化將能實現。不過就像歐盟整合出現困境一樣，兩岸經貿互賴加深，有部分人士特別是年輕人擔心台灣喪失自主性，進而發動太陽花學運，使兩岸朝向經濟一體化的經貿協議中止。這也說明運用自由主義來處理兩岸問題，有其侷限。畢竟台灣人更關心的是認同問題。

此外，此種愈來愈強烈的想像共同體，在中華民國的國際生存空間受到中國大陸的打壓而被強化，使得「我者」與「他者」的印象的就更加深化，當意識到我者的自我認同形象有可能因為

兩岸經貿互賴日深而消失時,就易爆發衝突,這就是太陽花學運爆發的深層原因。中國大陸以為單純地向台灣民眾在經濟上讓利,就能透過經貿互賴達成政治整合的效果。殊不知對待台灣民眾不能以自由主義的角度來理解,而是必須以建構主義的核心概念-認同的角度來理解。當然若是台灣方面不是用建構主義的角度來處理兩岸問題,或許問題就沒那麼嚴重,不過現實的情況卻遠非如此!

例如若是以現實主義的角度來理解,面對權力愈來愈強大的中國大陸,採取對抗方式可謂是吃力不討好;若用自由主義的角度或許能夠在經貿互賴的過程中,達到和平演變大陸的效果。如前所述,美國在1980、1990年代確實曾採取此種作法,台美似可重新以自由主義的方式來面對中國大陸,使其不至於採取同樣對抗方式回應,說不定能有另一種效果。畢竟以現實主義的途徑無法改變大陸,為何不採取另外一種方式來應對呢?

如前所述美國是用現實主義的角度來面對中國大陸的崛起,不過似乎效用不大,反而讓雙方關係陷入緊張,難保不會發生擦槍走火的事件,理因調整;如此美國也無須拉攏台灣共同抗中,避免使中國大陸擔心兩岸「和平統一」的可能性在美國阻撓下而完全喪失,以致在軍事上鋌而走險。中國大陸也應改變用自由主義的途徑來理解兩岸關係,而必須以建構主義的途徑來解讀台灣

民眾的國家認同的變化。同樣地，台灣則不宜只專注以建構主義的思維來看待兩岸關係，而應更多地以現實主義及自由主義的途徑來認識，台灣沒有與中國大陸對抗的本錢，以新功能主義的方式化解雙方敵意，何嘗不是可行的方式之一。曾為世仇的法德都能捐棄成見達成和平目標，兩岸又何嘗不能呢？

第三節　章節安排

第一章為本書的導論，內容旨在說明兩岸為何要「和平統一」，台灣與大陸針對此議題各自的立場為何。此外，分析兩岸「和平統一」之立場出現差距的原因為何？探討若要縮短彼此的政治距離，究竟要採取政策措施？又介紹北京當局自從1979年採取「和平統一」政策以來，截至2024年已歷經45年，為何兩岸始終未向「和平統一」的路途靠近，反而愈離愈遠？兩岸距離「和平統一」愈來愈遠，說明過去的政策作為未能發揮效果，若是不加以改變，再過45年恐怕也未能克竟其功！

兩岸關係主要受到美國因素、中國大陸因素及台灣因素的影響，其中也涉及國際關係，因此在本章中也會用些篇幅來介紹國際關係中的主要理論。美國是依據何種理論思維來制訂其台海政策，在過去的45年間有否變化？若有變化，其原因為何？同樣

地,中國大陸是採取何種理論角度來制訂其有利於「和平統一」的對台政策,為何過去45年間距離所欲達成達成的目標愈來愈遠?台灣又是以何種理論面向來思考「和平統一」的問題,為何憲法有「終極統一」的設定,也制訂過《國家統一綱領》,卻讓《國家統一綱領》終止適用?以上是第一章會分析的內容。

第二章的主題為美國不樂見兩岸「和平統一」,其中包含美國台海政策的戰略思考。美國在冷戰期間為了對抗前蘇聯,拉攏中國大陸執行「聯中抗俄」政策,以利在美蘇爭霸中勝出。在此背景下美國必須與中華民國斷絕正式邦交關係,轉而與中華人民共和國建立邦交關係,也間接促成了冷戰的結束與前蘇聯的瓦解。由於美國看待國際關係是基於現實主義的霸權競爭與文明衝突思維,因此在前蘇聯瓦解後,轉而將矛頭指向崛起中的強權──中國大陸,美國除了邀集西方盟國對中國大陸進行圍堵外,時不時就打「台灣牌」來牽制中國大陸,使其不致對美國的霸權造成威脅!兩岸「和平統一」肯定會威脅美國的利益,否則怎有美國官員在兵推時建議要炸掉台積電,以免落入中國大陸之手,進而主導全球晶片市場的說法呢?[28]

---

[28] Wesley Hilliard, If China invades Taiwan, some US officials want to bomb TSMC, *Appleinsider,* Oct 12, 2022, https://appleinsider.com/articles/22/10/12/if-china-invades-taiwan-some-us-officials-want-to-bomb-tsmc.Accessed August 5, 2024

從冷戰時間的台灣地位未定論，到近期美國在台協會（AIT）主席羅森柏格指出，聯合國2758號決議文並沒有決定台灣的地位，沒有排除任何國家與台灣建立外交關係，也沒有排除台灣有意義的參與聯合國體系；她並表示，美方非常失望看到聯合國2758號決議文的內容被曲解，並被用來作為對台施壓工具，不但限制台灣在國際舞台上發聲，同時也衝擊台灣與其他國家的外交關係。[29]這恐怕都是在此背景下的產物。既然聯合國2758號決議文沒有決定台灣的地位，美國為何不幫助台灣獨立呢？這也就是美國「一中政策」弔詭的地方，既不承認中華民國，又不樂見台灣獨立，台灣的利益恐怕在此過程中就被犧牲了！這是第二章要探討的內容

　　第三章主要在解釋中國大陸的兩岸「和平統一」政策為何缺少成效，尤其是自1979年採行「和平統一」政策以來，兩岸距離「和平統一」反而愈離愈遠。北京當局主要是想要透過經濟合作或對台讓利來縮短兩岸的政治距離，包括早期的「三通四流」——通商、通郵、通航及經濟、科學、文化、體育等方面的交

---

[29] Ben Blanchard, US decries Nauru's 'unfortunate' ditching of Taiwan, warns on China's promises, *Reuters*, Jan 16, 2024, https://www.reuters.com/world/asia-pacific/naurus-decision-break-ties-with-taiwan-unfortunate-us-official-2024-01-16/.Accessed August 5, 2024．

流，[30]以及近期對台各項的優惠措施，例如在2010年與台灣簽定ECFA，2018年公佈「對台31項措施」等，都是此種政策思維下的產物。[31]然而這樣的措施似乎並未發揮預期效果，否則兩岸的政治距離豈會愈來愈遠！

實際上北京當局近來對台所採取的是所謂的「硬的更硬、軟的更軟」策略，亦即在針對台獨問題在政治與軍事上不斷對台施壓，包括機艦經常越過海峽中線，甚至進行環島軍演，目的即在警告台灣不要在傾獨的路上愈走愈遠。[32]在經濟上，北京當局則不斷對台讓利，即使是取消ECFA早收清單的關稅優惠，或禁止大陸進口台灣農漁產品，也都是點到為止，並未全面性地對台展開貿易戰，以免使兩岸融合發展胎死腹中。經濟整合政策顯然未能發揮促進政治整合的作用，再加上不放棄武力威嚇效應遞減，若北京當局不在政策上改弦更張，注入新的動能，「和平統一」

---

[30] 陸委會，臺海兩岸關係的發展，大陸資訊及研究中心，https://www.mac.gov.tw/MAIRC/cp.aspx?n=036E78FF20D91CFA&s=0A9287F85E11C051。上網日期：2024年8月5日。
[31] 新聞稿，中國大陸公布「對臺31項措施」周年，其實施成果「言過其實」，所謂「惠臺融合」意在「利中促統」，陸委會，2019年2月27日，https://www.mac.gov.tw/News_Content.aspx?n=B383123AEADAEE52&sms=2B7F1AE4AC63A181&s=29884F260639C6E3。上網日期：2024年8月6日。
[32] 陳冠宇，未來5年對台政策、趙春山：硬的更硬、軟的更軟，旺報，2022年10月17日，https://www.chinatimes.com/realtimenews/20221017004549-260409?chdtv。上網日期：2024年8月6日。

之路恐充滿荊棘,可能性愈來愈低。這是第三章要探討的內容。

第四章則在說明台灣無意兩岸「和平統一」,主要是「不統」已成為政治正確的思維,凡是要取得執政權的政黨都不高舉統一的旗幟,即使是和平方式的統一,以免與執政權擦身而過。姑且不論民進黨曾有「台獨黨綱」,即使是貌似維持現狀的「台灣前途決議文」,將中華民國領土範圍限定在台澎金馬及其所屬島嶼,形同以中華民國之名進行獨立之實,過去曾執政期間通過「國家統一綱領」的國民黨,現在也是採取「不統、不獨、不武」的政策,就說明此種政治正確的現象。

除了不統是政治正確的思維外,國際空間屢被北京當局打壓,甚至外溢至文化領域,隨時可能因為細故而產生衝突,致使台灣民眾不願與中國大陸走在一起。2010年第23屆東京國際電影節開幕,中國大陸代表團要求,台灣團或者稱為「中國台灣代表團」,或者比照奧運會模式,稱為「中華台北代表團」,就是不能稱為「台灣代表團」;否則,就是在製造「一中一台」、「兩個中國」。而台灣方面堅持,當初申請參展時的名稱就是「台灣代表團」,不同意更改,雙方當眾口角並雙雙缺席開幕典禮星光大道。[33]台灣陸委會對此還特別發布新聞稿指出,東京影展事件

---

[33] 郭慶海,從東京電影節兩岸衝突事件說起,RFI,2010年11月1日,https://www.rfi.fr/tw/%E9%A6%96%E9%A0%81/20101101-%E5%BE%9E%E6%9D%B1%E4%BA%

已對台灣人民的感情造成嚴重傷害,不利兩岸關係,並指出兩岸應相互尊重、互助合作,避免不必要的耗損,大陸當局應體認到,台灣在國際上不被孤立、不被矮化,兩岸關係才能向前發展。[34]不僅如此,經濟利益無法增加認同感,即使兩岸經濟關係再緊密,若是發生類似東京影展事件,也會讓兩岸「和平統一」進程蒙上重大陰影。這是第四章會涉及的內容。

最後第五章是本書的結論,將分析兩岸「和平統一」何去何從。就美國而言,若是不能改變現實主義的思維,將持續與中國大陸進行霸權競爭,也就會持續打「台灣牌」,使其在霸權競爭中佔據較有利的位置。在此背景下,自然會設法阻止兩岸「和平統一」的進程,否則就會落入下風。就中國大陸而言,兩岸統一是習近平提出之中國夢不可或缺的部分,但是若持續採用所謂「硬的更硬、軟的更軟」的政治軍事壓制、經濟融合策略,而未能照顧到台灣民眾的認同需求,只能讓兩岸「和平統一」漸行漸遠!

至於台灣,若是持續在主權問題上採取針鋒相對的零合措

AC%E9%9B%BB%E5%BD%B1%E7%AF%80%E5%85%A9%E5%B2%B8%E8%A1%9D%E7%AA%81%E4%BA%8B%E4%BB%B6%E8%AA%AA%E8%B5%B7。上網日期:2024年8月6日。

[34] 新聞稿(10/27/2010),東京影展事件傷害臺灣人民感情,大陸當局不可等閒視之,**陸委會**,2010年10月27日,https://www.mac.gov.tw/News_Content.aspx?n=EF3E9F53 A6158F8C&sms=2B7F1AE4AC63A181&s=C4F。上網日期:2024年8月6日。

施，不在台灣認同與中國認同找到共同點，並透過兩岸經濟合作影響中國大陸的政治體制，勢將使兩岸和平危如累卵。由於不論是美國與中國大陸對彼此關係及對台關係的的思維都不易改變，相對而言較小的一方台灣能著力之處就更為有限。有道是「惟仁者能以大事小，惟智者能以小事大」，台灣不能奢望中國大陸以仁者的態度來對待台灣，台灣起碼要發揮智者的智慧來對待中國大陸。換言之，不論台灣人民要以何種方式決定自己的前途，至少要轉變中國大陸對兩岸統一的既定思維，亦即台灣要享有公民自決的權利，前提是中國大陸不會因此以武力干預，猶如蘇格蘭之於大不列顛、魁北克之於加拿大，大不列顛與加拿大不會以武力來干預蘇格蘭與魁北克的公民自決。就目前而言，美中台三方的悲劇正在上演，若不能及時以智慧拆除戰爭引信，不論結局如何，身在主戰場的台灣，肯定是最大的輸家，這也是本書第五章會關注的內容。

第二章
美國不樂見兩岸「和平統一」

2002年美國已故的中國問題專家唐耐心（Nancy Bernkopf Tucker），在華盛頓季刊發表題為「如果台灣選擇統一，美國該在乎嗎？」（If Taiwan Chooses Unification, Should the United States Care？）的文章，提出了一個非常重要的問題，那就是「如果台灣選擇與中國大陸統一，美國的利益是否會受到損害？」[1]她當時認為，美國政策只假設統一會發生係經由北京方面的強制行動，但是美國官員並未預見和平談判能夠彌合兩國之間巨大鴻溝的一天會發生的可能性，所以才會強調只要是和平方式，美國都不持異議。另外她也指出，經濟上對中國大陸的依賴和與中國大陸的融合——對台灣需求和利益的認知不斷變化——可能對台灣而言，統一是可欲的，或至少是有需要。[2]姑且不論兩岸的經貿發展並未讓台灣支持統一的人數增加，反而出現抗議

---

[1] Nancy Bernkopf Tucker, If Taiwan Chooses Unification, Should the United States Care? *The Washington Quarterly,* 2002, 25:3, pp. 15–28.
[2] Ibid.

過於緊密的兩岸經貿會導致台灣失去自主性的太陽花學運，謹就兩岸「和平統一」而論，該文言下之意其實提醒美國官員要有所準備，因為結果可能會對美國利益造成傷害！究竟美國是如何看待兩岸統一會否對其國家利益造成傷害？欲回答此問題必須先瞭解美國台海政策的戰略思維為何？

第一節　美國台海政策的戰略思考[3]

舉凡研究國際關係的學者，都會從修昔底德所描述的那場伯羅奔尼撒那場戰爭談起。儘管那是希臘城邦雅典與斯巴達之間的戰爭，然而卻因為當時斯巴達是現存的霸權，而雅典是崛起的霸權，兩強之間的競爭最後以戰爭結束，也就預示了未來兩強之間的競爭很可能是以戰爭結束，這是現實主義的濫觴。美國哈佛大學教授格雷漢・艾利森（Graham Allison）出版一書直接點明美中「註定一戰」（Destined for War），只是該書是以問句的型式出現，並且有副標題「美中能否避免修昔底德的陷阱？」（Can America and China Escape Thucydides's Trap？）。[4]就說明在現實

---

[3] 本節部分內容曾發表於戴東清，跨文化與文明衝突，張裕亮編，跨文化溝通與協調，台北：五南出版社，2022年，頁7-21，因出版本書予以收錄及改寫。

[4] Graham, Allison. *Destined for War: Can America and China Escape Thucydides' Trap?* New York: Houghton Mifflin Harcourt Publishing Company, 2018.

主義主導下的美中關係,發生戰爭的機率極高。

艾利森統計過去500年的歷史,曾經發生過16次霸權之間的競爭,其中有12次以戰爭結束,只有4次霸權之爭未發生戰爭,發生戰爭的比例高達2/3(霸權之爭的相關情況詳如表)。[5]未發生4次霸權戰爭之中,除了美國與蘇聯之冷戰有文明差異外,其餘3次都是屬於同樣文明之間的競爭,如此也可說明相同或相似文明之間,發生衝突的比例較低。美中之間若因為文明差異而使霸權之爭以戰爭結束,按機率來看,可能性的確非常大,這也可解釋為何艾利森會用「註定一戰」這麼聳動的標題當成書名。

表2-1　500年來16次霸權間的競爭

時期	現存霸權	崛起霸權	結果
15世紀晚期	葡萄牙	西班牙	無戰爭
16世紀前半期	法國	哈布斯堡	戰爭
16、17世紀	哈布斯堡	奧圖曼帝國	戰爭
17世紀前半期	哈布斯堡	瑞典	戰爭
17世紀中晚期	荷蘭共和國	英格蘭	戰爭
17世紀晚期18世紀中期	法國	大不列顛王國	戰爭
18世紀晚期至19世紀前期	英國	法國	戰爭
19世紀中期	法國與英國	俄羅斯	戰爭
19世紀中期	法國	德國	戰爭

---

[5] Ibid. p.41-54.

時期	現存霸權	崛起霸權	結果
19世紀晚期至20世紀前期	中國與俄國	日本	戰爭
20世紀前期	英國	美國	無戰爭
20世紀前期	在法、俄支持下的英國	德國	戰爭
20世紀中期	蘇聯、法國、英國	德國	戰爭
20世紀中期	美國	日本	戰爭
1940s-1980s	美國	前蘇聯	無戰爭
1990s-現今	英國、法國	德國	無戰爭

資料來源：Graham Allison，2018：42.

　　深受現實主義理論影響的美國，在面對崛起中的霸權中國大陸，同時採取的是攻勢與守勢現實主義，在攻勢現實主義方面，就是透過國際體系的各種聯盟的建立，不斷地擴大自己的權力或影響力，儘量維持主導世界秩序的霸權於不墜。至於守勢現實主義方面，就是結合西歐民主國家及亞洲的紐西蘭、澳洲、日本、南韓及印度，甚至東南亞的菲律賓，越南來圍堵中國大陸，使其不致對美國其在亞太地區的利益與安全構成威脅。

　　既然談到戰爭或衝突，就不能不提杭亭頓（Huntington）教授的《文明衝突論》，該主題原本是作者於1993年發表在《外交事務》季刊的文章，後於1996年擴充為一本書。在書中的序言提到，根據《外交事務》季刊編輯的說法，該文章出版後三年內所激發的討論，比自1940年代以來所出版的任何一篇文章還要來得

多。[6]這或許是杭亭頓要把一篇文章擴充為一本書的原因吧！令人感到好奇的是，為何該文章會激發如此多的討論？若非該主題確實點出當代人們關切的議題，又豈會激起許多人參與討論的熱度？既然討論，也就代表贊成與反對該主張的意見都有，這也是值得本計畫欲加以探討與釐清的。

杭亭頓在「文明衝突與世界秩序的重建」一書中，將世界文明區分為8大類，分別為中華文明（Sinic）、日本文明（Japanese）、印度文明（Hindu）、伊斯蘭文明（Islamic）、東正教文明（Orthodox）、西方文明（Western）、拉丁美洲文明（LatinAmerican）、非洲文明（African）。[7]在1993年的文章中，杭亭頓是以儒家文明（Confucian）來替代中華文明，不過他解釋中華文明不僅限於儒家文明而已，加上有許多學者使用該用法，所以加以替換。這樣的替換堪稱合理，畢竟獨尊儒術也是西漢以後的事，不能說西漢以前的中華文明不存在。

既然是談文明衝突，緊接著問題就是未來的衝突來自於那幾類的文明？杭亭頓對此表示，最可能發生衝突的文明是西方與中華文明及伊斯蘭文明。英國將與美國之間的霸權得以和平轉移，

---

[6] Samuel, Huntington, *The Clash of Civilization and the Remaking of World Order*, London: Simon & Schuter UK Ltd, 1996, p.13.

[7] Ibid. p.45-47.

主要是因為兩個社會有非常近似的文化脈絡,然而中美之間的霸權之爭由於是不同文明之間的對抗,因此即使發生武裝衝突的機率不是百分之百確定,但是可能性卻是愈來愈高,中國大陸崛起無疑是核心國家間之文明大戰的潛在來源。[8]至於伊斯蘭文明,杭亭頓則認為是現行許多相對規模小之「斷層線」(fault line)戰爭的起因。[9]

2001年的911事件,可說是美國發動針對伊斯蘭文明的「反恐戰爭」(war on terror)主因,以西方文明領頭羊自居的美國,也因此在阿富汗境內打了20年的反恐戰爭,直到美國拜登總統上臺後,才在2021年8月正式將美軍撤出阿富汗。然而這不代表美國與伊斯蘭文明之間的衝突就此停止,伊朗的核武問題也是西方文明與伊斯蘭文明之間發生衝突的重要因素,美國針對伊斯蘭國之領袖的奇襲,也從未停止。就如同杭亭頓所言,許多相對規模小之「斷層線」武力衝突始終在進行中。這也說明美中之間的文明大戰,極有可能在未來發生。因此不論是霸權競爭或者文明衝突都源自於現實主義的思維,若此種思維不改,恐怕要避免美中衝突的難度甚高。

---

[8] Ibid. p.209.
[9] Ibid. p.209.

第二節　兩岸「和平統一」恐傷及美國國家利益

艾利森也指出，儘管美中兩國在文化上有許多的差異，但是雙方有共同的特點，就是極端的優越感情結（extreme superiority complexes），都視自己為特殊的，也就是沒有同儕可比，要避免兩個世界第一的衝突，需要雙方有痛苦的調整，究竟何者比較困難？是中國大陸要理性化其宇宙學接受兩個太陽的存在，或者是美國要接受與另外一個優越者或超強並存？[10]直言之，除非美中雙方能夠改變認知，也就是改變身為世界第一或宇宙中心的核心價值，否則談何容易。即使一方改變認知，另一方也不見得就能接受。

就如同中國大陸國家主席習近平2012年還在擔任副主席之時訪美，接受《華盛頓郵報》書面採訪表示：「寬廣的太平洋兩岸有足夠空間容納中美兩個大國。[11]不過這樣的表述依然無法改變，自2012年迄今的美國歐巴馬、川普及拜登政府，想要透過外交政策試圖對中國大陸形成圍堵態勢，達成減緩其崛起速度之目

---

[10] Graham, Allison. *Destined for War: Can America and China Escape Thucydides' Trap?* New York: Houghton Mifflin Harcourt Publishing Company, 2018, p. 140.
[11] 吳慶才，習近平：寬廣的太平洋有足夠空間容納中美。**中國新聞網**。2012年1月14日，https://www.chinanews.com.cn/gn/2012/02-13/3665577.shtml。上網日期：2024年8月7日。

標。若美國政府已接受習近平太平洋有空間可同時容納美中兩個的說法，又豈會不斷試圖圍堵中國大陸呢？由此可見，要改變認知並不容易。

當然中國大陸本身改變過去「韜光養晦」而改採「有所作為」的外交政策，也是讓美國等西方國家，懷疑中國大陸不爭霸、不稱霸之聲明的真實性。[12]2021年3月美中在阿拉斯加會談，中國大陸外事辦主任、政治局委員楊潔篪當著美國國務卿布林肯、白宮國安顧問蘇利文的面，說出「美國沒有資格居高臨下同中國說話」、「中國人不吃這一套」、「你們沒有資格在中國面前說，你們從實力的地位出發同中國談話」等外交辭令大白話。[13]更是讓世人驚覺中國大陸的外交政策已今非昔比，也很難將之與不爭霸、不稱霸劃上等號。

更何況2012年的「寬廣的太平洋兩岸有足夠空間容納中美兩個大國」，在2021年11月習近平在與美國總統拜登舉行視訊高峰會時，就已變為「地球足夠大，容得下中美各自和共同發

---

[12] 黃祺安，永不稱霸絕非舉手投降、「韜光養晦」是為了「有所作為」。香港01。2018年11月5日，https://www.hk01.com/sns/article/255200。上網日期：2024年8月7日。

[13] 編輯部，中美阿拉斯加會談：外交辭令之外的大白話「中國人不吃這一套」，BBC，2021年3月19日，https://www.bbc.com/zhongwen/trad/world-56456963。上網日期：20242年8月7日。

展」。[14]不到10年的時間，習近平的談話就從「太平洋夠寬廣」到「地球足夠大」，不正說明即使中國大陸不想要取代美國成為唯一霸權，也要取得與美國平起平坐的位置，這與楊潔篪所說的「美國沒有資格居高臨下同中國說話」，如出一轍。美國若不能接受有另一霸權與其共存，雙方有衝突又豈會是意外！

艾利森也指出，他相信杭亭頓的文明差異，愈有可能成為衝突之重要根源的論點是正確的，美中的政治人物必須要有更謙卑的態度，來完成所欲達成的目標。[15]誠如前述，文明既有客觀的共同元素，也有人們自我的主觀認同。美中的文明的客觀元素就已存在重要差異，若在主觀認同上又不能相互理解，美中間的文明衝突最終導致爭端或戰爭的發生，還會遠嗎？而這個戰爭的引爆點極可能就在台海區域！美國對中都已經有戰爭的預期了，又豈會樂見兩岸「和平統一」呢？即使不是戰爭，僅是機艦在台海或南海週邊對峙，恐怕也會對區域的和平穩定帶來重大衝擊。

2001年9月11日美國紐約雙子星國貿大樓，被恐怖分子挾持的兩架民航機撞毀後，史稱911事件，大幅改變了美國對外政策

---

[14] 習近平，地球足夠大，容得下中美各自和共同發展，人民網，2021年11月16日，http://politics.people.com.cn/BIG5/n1/2021/1116/c1001-32284138.html。上網日期：2024年8月7日。

[15] Graham, Allison. *Destined for War: Can America and China Escape Thucydides' Trap?* p.140.

的重心,以致美國將對外政策聚焦於反恐戰爭,而不是對中國大陸的戰略競爭。君不見就在911事件發生前的4月25日,時任美國總統的小布希對外表示,要竭盡所能來防衛台灣,[16]該訊息也被視為改變美國向來對台海議題的「戰略模糊」政策,轉向「戰略清晰」。[17]若非911事件發生,美中可能早就在台灣議題上攤牌。就如同美國前總統小布希在2011年10月出發前往上海參加亞太經合會時對外表示:「當然我們會討論經濟與貿易,但是主軸還是要持續動員全世界來對抗恐怖份子」。[18]

　　由此可見,美國為了這場反恐戰爭,可謂是將其他議題都視為次要!自然也就無暇顧及台海議題,究竟要採取「戰略模糊」或「戰略清晰」的政策?尤其是反恐不僅需要各國合作,特別是需要聯合國安理會常任理事國的合作,否則只要常任理事國行使否決權,則反恐戰爭就得不到聯合國安理會的授權,對窩藏恐怖分子的國家出兵,正當性就會略嫌不足,又豈能不求助於中國大陸?

　　小布希與中國大陸前國家主席胡錦濤於2003年10月,在泰國舉行之亞太經合會的雙邊會上,對胡錦濤在聯合國安理會關於伊

---

[16] Kelly Wallace, Bush pledges whatever it takes to defend Taiwan, *CNN,* April 25, 2001, https://edition.cnn.com/2001/ALLPOLITICS/04/24/bush.taiwan.abc/.Accessed August 10, 2024.

[17] Ibid.

[18] John King, Bush arrives in Shanghai for APEC, *CNN,* Oct 18, 2001, https://edition.cnn.com/2001/US/10/17/ret.china.bush.apec/index.html.Accessed August 10, 2024.

拉克決議案給予的協助，特別表達感謝之意，也指出雙方也有共同願望要發動及打贏反恐戰爭。[19]為了給予胡錦濤善意回應，小布希也在對台議題上有所讓步，否則美國白宮新聞稿不會發布，胡錦濤表示感謝小布希總統重申美國政府將堅守「一個中國」政策、美中「三個聯合公報」，以及「反台獨」的立場，雙方也都聲明願在對抗恐怖主義上強化合作。[20]美國政府向來在台獨議題上，都是表達不支持（do not support）而非反對（oppose），然而為了要與中國大陸在反恐上加強合作，「反對」都已經出現在讓步白宮正式的新聞稿上，除了說明美國在反恐上需要中國大陸協助而必須做出讓步外，也意味著只要合乎該國利益，原本的立場是隨時可以修正與調整。

尤其是2003年12月中國大陸前總理溫家寶訪美期間，小布希在白宮橢圓形辦公室回答記者提問時表示，美國政府的政策根據「三個公報」與「台灣關係法」的「一個中國」政策，我們反對任何來自中國大陸或台灣片面改變現狀的決定，台灣領導人的評論與行動顯示他可能有意願決定要片面改變現狀，這是我們反對

---

[19] Office of the Press Secretary, President Bush Meets with President of China: Remarks by President Bush and President Hu Jintao of China, *The White House,* October 19, 2003, https://georgewbush-whitehouse.archives.gov/news/releases/2003/10/20031019-6.html. Accessed August 10, 2024.

[20] Ibid.

的。[21]從竭盡所能來防衛台灣若台灣遭到中國大陸攻擊，到反對台獨，立場差距之大可謂是不可以道理計。不僅如此，小布希還特別作球給溫家寶，請他邀請中方記者來提問。[22]溫家寶就順勢表示：「我們的處理台灣問題的基本政策，就是「和平統一」與一國兩制，我們會盡最大的努力，以最高的誠意，以和平手段達成國家團結與統一。溫家寶另指出：「中國政府尊重台灣人民追求民主的渴望，但我們必須指出由陳水扁領導的台灣當局，企圖以民主為藉口訴諸防衛性公投，將台灣從中國分裂出去，此種分裂分子的行為，是中方絕對無法接受與容忍的。[23]溫家寶更進一步表示：「非常欣賞小布希總統近期針對台灣的行動與發展所持的立場，亦即試圖以各式各樣的公投為藉口來尋求台灣獨立。」[24]

小布希採取強硬說辭承諾要防衛台灣，受到被保守派讚許，並認為這是小布希要對與北京的關係採取較強硬立場的證據；但是後來的聲明讓台灣及華府的保守派感到失望，他們都認為美國應該支持台灣民主的願望。[25]由於小布希在911事件前後的對台

---

[21] Office of the Press Secretary, President Bush and Premier Wen Jiabao Remarks to the Press, the White House, December 9, 2003, https://georgewbush-whitehouse.archives.gov /news/releases/2003/12/20031209-2.html.Accessed August 10, 2024.

[22] Ibid.

[23] Ibid.

[24] Ibid.

[25] John King, Blunt Bush message for Taiwan, *CNN,* Dec 10, 2003, https://edition.cnn.com/2003/ALLPOLITICS/12/09/bush.china.taiwan/.Accessed August 10, 2024.

海立場差異過大，難免讓台灣及華府保守派感到扼腕，只是反恐政策的位階高於其他政策，錯愕又能如何！因此當小布希與胡錦濤在2006年再次會談時，胡錦濤再次表示：「對美國政府在各種場合，聲明美國承諾一個中個，遵守美中三個公報，以及反對台獨，我們非常欣賞美國的承諾」。[26]

誠如前述，受到文明衝突與霸權競爭思維的影響，美國政府始終將中國大大陸視為競爭者或甚至是敵人。因此當發動911事件的首腦賓拉登在2011年被殺之後，美國反恐戰爭不再像過去投入那麼多的資源，[27]設法延緩中國大陸的崛起又重新回到美國對外政策的重心。為達成此目的，美國前總統歐巴馬總統在亞太區域經濟整合方面，加入跨太洋經濟夥伴協議（The Trans-Pacific Partnership，TPP），TPP也被歐巴馬政府視為是美國在亞洲地區的戰略支柱的中心，也會促進美國在亞太區的戰略利益。[28]

---

[26] Office of the Press Secretary, President Bush and President Hu of People's Republic of China Participate in Arrival Ceremony, *The White House,* April 20, 2006, https://georgew bush-whitehouse.archives.gov/news/releases/2006/04/20060420.html.Accessed August 11, 2024.

[27] National Archive, Death of Osama bin Laden, Barack Obama Presidential Library, May 2, 2011 https://www.obamalibrary.gov/timeline/item/death-osama-bin-laden.Accessed August 11, 2024.

[28] James McBride, Andrew Chatzky, and Anshu Siripurapu, What's Next for the Trans-Pacific Partnership (TPP)? *Council on Foreign Relations,* Sep 20, 2021, https://www.cfr.org/backgrounder/what-trans-pacific-partnership-tpp.Accessed August 11, 2024.

歐巴馬政府也指出：「TPP實際上可以重寫貿易規則以加惠美國的中產階級，因為如果我們不參加，未與我們價值共享的競爭者，像中國大陸，就會進入以填補這個真空」。[29]只是繼任的川普總統不認同這項經貿協議，認為該協議會加速低薪製造業的衰退，也會增加不公平，所以選擇在2017年退出。[30]也正如歐巴馬政府所預測的，當美國不加入，中國大陸就會選擇進入。果不其然，中國大陸於2021年9月，提出申請加入美國退出後調整名稱的全面進步跨太平洋夥伴協議（The Comprehensive and Progressive Agreement on Trans-Pacific Partnership，CPTPP）。[31]

除了加入TPP之外，在區域安全議題上，歐巴馬政府則提出了「亞太再平衡」戰略。[32]該戰略的願景是：「尋求維持與強化穩定與多元的安全秩序，以利各國和平地追求國家目標，並符合

---

[29] National Archive, The Trans-Pacific Partnership: What You Need to Know about President Obama's Trade Agreement, the White House, https://obamawhitehouse.archives.gov/issues/economy/trade.Accessed August 11, 2024.

[30] James McBride, Andrew Chatzky, and Anshu Siripurapu, What's Next for the Trans-Pacific Partnership (TPP)?

[31] Joanna Shelton, Look Skeptically at China's CPTPP Application, *CSIS*, November 18, 2021, https://www.csis.org/analysis/look-skeptically-chinas-cptpp-application.Accessed August 11, 2024.

[32] Office of the Press Secretary, Advancing the Rebalance to Asia and the Pacific, The White House, Nov 16, 2015, https://obamawhitehouse.archives.gov/the-press-office/2015/11/16/fact-sheet-advancing-rebalance-asia -and-pacific. Accessed August 11, 2024.

國際法與共同規範及原則,包括:和平解決爭端、透過公平競爭的競爭環境,來提升有力、永續、平衡與包容性成長的開放經濟秩序,以及在人權與基礎上法治,建立一個可提升和平與人類尊嚴的政治自由秩序。」[33]

歐巴馬政府也指出,與北京建立建設性關係,在支持拓展處理全球議題的實質合作的同時,也要坦誠地揭示雙方的差異,是再平衡戰略的重要組成部分,中國大陸該在有效發揮影響力之時,卻選擇性地自外於國際規範,這不僅是美國關切的議題,也是區域許多國家所關切的。[34]歐巴馬更進一步表示,再平衡不只是與國家,也要與人民建立夥伴關係,而且是由共享的價值來界定,並以我們追求的願景為引導。[35]強調由「共享的價值」來界定夥伴與非夥伴,藉拉攏各國來圍堵中國大陸的意圖明顯,只是沒有白紙黑字寫出來而已。台灣向來與美國共享民主與自由的價值,自然也在歐巴馬政府界定的夥伴關係之內,兩岸「和平統一」豈不直接衝擊亞洲再平衡戰略,亦即傷害美國的國家利益,美國又豈會樂見?

繼任的川普總統雖然不再以TPP作為經濟戰略來延緩中國大

---

[33] Ibid.
[34] Ibid.
[35] Ibid.

陸的崛起，但是卻改採以課徵高關稅的經貿戰，[36]以及限制高科技產品出口至中國大陸的科技戰的策略，[37]目的即在藉此縮短美中貿易逆差，增加美國競爭霸權的優勢。在安全戰略方面，川普則提出「自由與開放的印太戰略」，[38]旨在使具不同文化與夢想的主權與獨立的國家，可以肩併肩地共同繁榮，並在自由與和平的環境下發展，這也是美國在太平洋地區的利益所在。[39]川普的印太戰略概念除了依循傳統方針，建構美國在印太地區的交往基石，最重要的是意識到針對北京破壞穩定與施壓區域盟邦的行為，須及時作出強力回應，以免損及美國利益與區域夥伴的主權。[40]如此明確地劍指中國大陸的印太戰略，要確實發揮應有的

---

[36] 2019年9月1日美國開始針對中國大陸3000億美元進口產品關稅從10%提高至15%、10月1日開始對另外2500億進口美元商品關稅從25%提高至30%。請參見Jacob Pramuk，Trump will raise tariff rates on Chinese goods in response to trade war retaliation，*CNBC*，Aug 23, 2019, https://www.cnbc.com/2019/08/23/trump-will-raise-tariff-rates-on-chinese-goods-in-response-to-trade-war-retaliation.html.Accessed August 11, 2024.

[37] 美國商務部宣布，將超過24國的華為公司及68家協力廠商列為黑名單，非經美國政府同意不得向美國公司購買零組件。請參見Reuters Staff，U.S. Commerce Department publishes Huawei export blacklist order，Reuters，May 17，2019，https://www.reuters.com/article/usa-huawei-tech-commerce-idUKL2N22S1PZ.Accessed August 11, 2024.Sep.

[38] Lindsey W. Ford, The Trump administration and the Free and Open Indo-Pacific, *Brookings*, May 2020, https://www.brookings.edu/research/the-trump-administration-and-the-free-and-open-indo-pacific/.Accessed August 11, 2024.

[39] Ibid.

[40] Ibid.

效果，理應要與區域的盟邦與夥伴共同攜手，猶如在冷戰期間美國與歐洲及亞洲盟邦與夥伴齊心合作，甚至「聯中制俄」，終於使冷戰結束、前蘇聯也瓦解。只是受到「美國第一」政策影響，戰略執行與原始構想存在明顯落差，明明是需要推動聯合的集體戰略以維護區域開放與穩定，川普政府卻經常把對付敵人的那一套拿來離間所需要的夥伴，效果如何不問可知。[41]

例如川普在2024年美國總統大選期間接受媒體訪問時表示：「台灣在防衛上應付給美國更多錢，我們跟保險公司沒兩樣，台灣奪走了美國的晶片產業，他們非常有錢。」[42]這樣的說法，不只引發台灣的「疑美論」，[43]甚至連美國的國會議員也看不下去。眾議院中國問題特別委員會成員克里希納莫蒂（Raja Krishnamoorthi）就指出：「前總統川普威脅要放棄我們國家對台灣的長期兩黨承諾，這意味著將世界上最有活力的民主國家之一讓給中國共產黨；根據《台灣關係法》，未能為台灣提供防衛不僅可能是非法的，而且是對美國價值觀和我們民主制度的背

---

[41] Ibid.
[42] Didi Tang, Trump says Taiwan should pay more for defense and dodges questions if he would defend the island, *AP*, July 18, 2024, https://apnews.com/article/trump-taiwan-chips-invasion-china-910e7a94b19248fc75e5d1ab6b0a34d8.Accessed August 11, 2024.
[43] 川普言論讓「疑美論」加劇？數據揭賴清德執政下「台美友好」網路聲量慘輸蔡英文，*台灣議題研究中心*，2024年7月19日，https://www.tpoc.com.tw/article/1223.上網日期：2024年8月11日。

叛。[44]由此可知，像川普那樣過度看重美國利益，而非兼及與夥伴的共同利益，反而不利落實「自由與開放的印太戰略」，也不利於美國在對中競爭中發揮共享價值應有的優勢。2025年川普重返白宮，種種跡象顯示，他同時對付敵人與朋友以保障美國利益不會手軟，效果如何且拭目以待。

一般而言，美國保守派的共和黨比較反共，自由派的民主黨比較不反共。不過拜登總統未如一般預期，在上任後檢討對中高關稅的經貿戰，以及禁止科技產品零組件至中國大陸的科技戰政策。不僅如此，登拜政府的國務卿布林肯將對中關係定位為競爭、合作與敵對的關係（competitive，collaborative，adversarial）。[45]既然美國拜登政府將對中關係定位以競爭與敵對為主，合作為輔，因此採取相關的因應措施也就不奇怪，又如何會支持兩岸「和平統一」呢？拜登政府對中競爭與敵對政策，在經濟戰略上有「亞太經濟架構」，在安全戰略上則有美日印澳的「四方安全對話」與AUKUS。

「亞太經濟架構」旨在強化美國在關鍵地區的連結關係，以定義未來數十年的技術創新與全球經濟，也會為美國及亞太區

---

[44] Ibid.

[45] Antony J. Blinken, A Foreign Policy for the American People, US Department of State, March 3, 2021, https://www.state.gov/a-foreign-policy-for-the-american-people/. Accessed August 11, 2024.

域國家創造更強、更公平、更有韌性的經濟。[46]白宮表示「亞太經濟架構」專注在四方面的經濟發展，包括連結經濟，即在貿易上廣泛與夥伴在更廣領域的議題進行全面性地交往；韌性經濟，即尋求首創較好預期且能防止貪污的供應鍊承諾，以增加收入；乾淨經濟，即尋求首創清潔能源、減碳、促進有良好收入工作基礎建設的承諾；公平經濟，即尋求起動並強制有效用的稅制，反洗錢、反賄賂之政策的承諾，並搭配現存的多邊義務來促進公平經濟。其中除乾淨經濟外，其餘三方面的經濟型態都涉及貪污問題，在31項清廉印象指數（Corruption Perception Index）受評的亞太國家中，中國大陸的排名是倒數第二，表現僅高於北韓。[47]這意味中國大陸的貪污問題非常嚴重，美國倡議亞太經濟架構將焦點放在貪污問題，針對中國大陸而來的目的，可謂是再明白也不過了。

在全安戰略方面，拜登上任不久就在2021年3月21日倡議進行美澳印日「四方安全對話」。白宮表示，「四方安全對話」有

---

[46] Fact Sheet: In Asia, President Biden and a Dozen Indo-Pacific Partners Launch the Indo-Pacific Economic Framework for Prosperity, *The White House,* May 23, 2022, https://www.whitehouse.gov/briefing-room/statements-releases/2022/05/23/fact-sheet-in-asia-president-biden-and-a-dozen-indo-pacific-partners-launch-the-indo-pacific-economic-framework-for-prosperity/. Accessed August 11, 2024.

[47] 錢利忠，國際透明組織2021年全球清廉印象指數、台灣進步3名第25創紀錄，**自由時報**，2022年1月25日，https://news.ltn.com.tw/news/society/breakingnews/3812587。上網日期：2024年8月11日。

一共同願景,就是確保自由與開放的亞太地區,致力於自由、開放、包容、健康、以民主價值為根基,以及不被壓制所左右,並宣誓在確認當代威脅下強化合作。[48]此外,四國也承諾要促進自由、以規則為基的開放秩序、根據國際法在亞太地區內外,增進安全與繁榮及反威脅,並且支持法治、海空域的自由航行、和平解決爭端、民主價值與領土完整。[49]雖然「四方安全對話」未明確點出中國大陸是該等國家的威脅,但是不斷強調民主價值,自由開放,在區域內只有北韓與中國大陸不符合上述條件,針對中國大陸的意圖也可謂是不言可喻。

除了組成「四方安全對話」外,拜登政府也創建了美國、英國與澳洲的軍事同盟AUKUS。白宮公布的聲明指出,AUKUS將以長久以來的理想為指導,以及對以規則為基礎的國際秩序的共同承諾,決心要在亞太地區深化外交、安全與國防合作,包括與夥伴共同合作,以應付二十一世紀的挑戰。[50]雖然沒有將挑戰指明出來,但是明眼人都看得出來那就是來自於中國大陸的挑戰。

---

[48] Quad Leaders' Joint Statement: "The Spirit of the Quad", *The White House*, March 12, 2021, https://www.whitehouse.gov/briefing-room/statements-releases/2021/03/12/quad-leaders-joint-stateme nt-the-spirit-of-the-quad/. Accessed August 12, 2024.
[49] Ibid.
[50] Joint Leaders Statement on AUKUS, *The White House,* Sep 15, 2021, https://www.whitehouse.gov/briefing-room/statements-releases/2021/09/15/joint-leaders-statement-on- aukus/. Accessed August 12, 2024.

儘管美國拜登政府自2021年底開始調整對中國大陸的基調，表示競爭不必然導致衝突，也希望透過外交手段減少、管理爭端，最終能嚇阻區域的潛在衝突，[51]不過拜登執政以來就將中國大陸定位為隨時可能發生衝突的對手或競爭者，而非合作的朋友，再加上不斷推動諸如亞太經濟架構、四方安全對話、AUKUS等圍堵中國大陸的作為，雙方要不衝突也難。

自從歐巴馬2012年提出亞太再平衡政策以來，本身與其繼任總統儘管分屬不同政黨，但是在經濟戰略及安全戰略上都不斷強調與盟邦合作，對中國大陸採取圍堵的政策措施，究竟其效果如何？如果以國民生產毛額作為檢驗國家實力的指標，過去12年左右的時間，在美國圍堵之下，中國大陸實力變弱了嗎？表2-2可明顯看出，2012年中國大陸的GDP約佔美國的50%，隨著時間的演進，雙方GDP的佔比愈來愈接近，2021中國大陸的GDP約佔美國的75%。

若照此比例推進，2031年中國大陸的GDP將與美國相當，甚至超越的可能性甚高。若非受到疫情的影響，使得中國大陸的GDP對美國的佔比退回到2019年的水準，雙方競爭的格局肯定不

---

[51] Office of the Spokesperson, Secretary Blinken's Remarks on a Free and Open Indo-Pacific, *The Department of State*, Dec 13, 2021, https://www.state.gov/fact-sheet-secretary-blinkens-remarks-on-a-free-and-open-indo-pacific/.Accessed August 12, 2024.

可同日而語。或以為中國大陸GDP回落是受到川普及拜登政府接連對中國大陸實施貿易戰與科技戰的影響，但是此說法不足以解釋為何2017年至2021年間，中國大陸GDP對美國的佔比仍然不斷升高，據此推斷疫情才是中國大陸GDP衰退的主因。這也說明美國自歐巴馬政府對中國大陸實施的圍堵政策，成效未如預期！

表2-2　美中GDP的佔世界經濟規模的比例

（單位：兆美元）

年份	大陸GDP	佔世界%	美國GDP	佔世界%
2023	17.79	16.8775%	27.36	25.9505%
2022	17.88	17.6654%	25.74	25.4325%
2021	17.82	18.2723%	23.59	24.1923%
2020	14.69	17.1630%	21.32	24.9165%
2019	14.28	16.2373%	21.52	24.4713%
2018	13.89	16.0288%	20.66	23.8289%
2017	12.31	15.0955%	19.61	24.0489%
2016	11.23	14.6672%	18.80	24.5533%
2015	11.06	14.6784%	18.30	24.2769%
2014	10.48	13.1118%	17.61	22.0393%
2013	9.57	12.3091%	16.88	21.7111%
2012	8.53	11.2854%	16.25	21.4988%

資料來源：快易理財網https://www.kylc.com/stats/global/yearly_per_country/g_gdp/chn-usa.html

第三節　美國一中政策的弔詭

新任美國在台協會台北處長谷立言，日前拜會總統賴清德時提及：「美國將繼續支持台灣，這也符合美國長久以來以『台灣關係法』、『三個聯合公報』和『六項保證』為指導的『一中政策』」。[52]谷立言的談話可謂是將美國的台海政策說得非常清楚。如前所述，美國為了「聯中制俄」，於1979年與中華人民共和國正式建立邦交關係，並與當時有邦交的中華民國斷交。然而華盛頓與北京建交時，雖然「承認中華人民共和國是中國唯一合法政府」，但是並未同意其關於一個中國的立場，僅表達「認知到中國立場，只有一個中國，且台灣是中國一部分」。[53]（The Government of the United States of America acknowledges the Chinese position that there is but one China and Taiwan is part of China.）

認知不代表承認，也就讓美國在解釋「一個中國」政策有許多彈性空間，尤其是美國在與中建交公報中提及要維持與台灣

---

[52] 美國在台協會處長谷立言拜會總統賴清德，美國在台協會，2024年7月10日，https://www.ait.org.tw/zhtw/ait-director-greenes-meeting-with-president-lai-ching-te-zhtw/。上網日期：2024年8月12日。

[53] Joint Communique of the United States of America and the People's Republic of China (Normalization Communique), *American Institute in Taiwan*, January 1, 1979, https://www.ait.org.tw/u-s-prc-joint-communique-1979/. Accessed August 12, 2024.

人民的文化、商務及其他非官方關係，[54]並且在國會通過《與台灣關係法》來確保這些關係可以有法源來維持。此種以國內法的形式來規範與外國人民的關係，可謂是絕無僅有，也說明美台關係是非常地特殊。值得注意的是，谷立言提及一個中國政策內涵時，將台灣關係法列在美中三個公報之前，與美國國務院官員過去的表述有所不同。例如美國務院代理亞太助卿董雲裳（Susan Thornton），2017年在川普與習近平見面前的記者會就表示：「重申我們長久來的『一中政策』，是以美中三個聯合公報與台灣關係法為基礎。」[55]外交辭令表述無小事，順序的調整也可以看出美國台海政策的變化。

美國「一中政策」重要內涵關於對台軍售的817公報，第六條明定「美國不謀求執行長期對台軍售政策，對台軍售無論在質量上還是在數量上都不會超過建交以來近年來的水平，並打算逐步減少對台軍售，在一段時間內達成最終解決方案。」[56]不論不謀求長期，或逐步減少，或一段時間內達成最終解決方案，其實

---

[54] Ibid.
[55] Susan Thornton, Previewing the Visit of President Xi Jinping of the People's Republic of China, *Department of State,* April 5, 2017
https://2017-2021.state.gov/previewing-the-visit-of-president-xi-jinping-of-the-peoples-republic-of-china/index.html.Accessed August 12, 2024.
[56] Joint Communique of the United States of America and the People's Republic of China (the 1982 Communique), *American Institute in Taiwan,* August 17, 1982, https://web-archive-2017.ait.org.tw/en/us-joint-communique-1982.html.Accessed August 12, 2024.

都有許多解釋的空間，美國對台軍售也成為美中關係發展最敏感議題，美軍關係隨時可能因此出現障礙。2024年7月中國大陸決定停止與美國軍控談判就是因為拜登政府批准軍售台灣，大陸外交部發言人林建表示，美國最近幾個月持續對台軍售，已經嚴重影響持續軍控協商的政治氣氛。[57]

至於在質量上或數量上都不超過建交以來近年的水準，則更是未落實。例如1992年美國老布希總統為了創造通用動力飛機製造公司的就業機會，以利增加連任總統機會，特別在公司所在地德州沃思堡（Fort Worth）宣布將軍售150架F-16軍機予台灣。[58]這筆高達60億美元（1800億台幣）軍售案，創軍售單筆最高金額，[59]如何能符合在質量上或數量上都不超過以前的標準呢？老布希對此還特別表示：「今天的決定並沒有改變本屆政府及其前任對與中華人民共和國的三個公報的承諾，我們信守一個中國政策的承諾，承認中華人民共和國是中國唯一合法的政府；我一直

---

[57] China says it has halted arms-control talks with US over Taiwan, *Reuters,* July 17, 2024, https://www.reuters.com/world/china/china-says-it-has-halted-arms-control-talks-with-us-over-taiwan-2024-07-17/.Accessed August 12, 2024.

[58] Bush Announces Sale of F-16 Aircraft to Taiwan, *USC US-China Institute,* September 2, 1992, https://china.usc.edu/bush-announces-sale-f-16-aircraft-taiwan-1992.Accessed August 13, 2024.

[59] 朱世凱，老布希賣150架F-16給台灣1800億元創軍售單筆最高金額，ETtoday新聞雲，2018年12月1日，https://www.ettoday.net/news/20181201/1320460.htm。上網日期：2024年8月13日。

強調，82年對台軍售公報的重要性在於它促進了共同的政治目標，即透過相互克制維護區域的和平穩定。」[60]

美國國務院官員對此的說辭是，美國成為台灣先進軍事裝備唯一的供應者，符合中國大陸的利益，因為只要美國是唯一的供應者就能掌控事態；若是美國無法掌控，則任何一個國家都可以賣任何武器給台灣，法國、俄羅斯或任何國家都可以。[61]顯然中國大陸不會接受此種說法，否則不會持續抗議美國對台軍售。不過，當時北京並沒有強烈抗議美國軍售150架F-16軍機予台灣，據悉主要是因為美國國會正在討論是否給予中國大陸最惠國待遇問題，擔心抗議過度會影響最惠國待遇。[62]這也說明經濟手段不是沒有作用的，美國還是可以透過經濟合作來改變中國大陸的政治制度，而不是一味地用圍堵的手法。

儘管美國在817公報第六條明定要逐步減少對台軍售，但是第七條卻補充到：「為最終解決美國對台軍售問題，這是一個歷史悠久的問題，兩國政府將盡一切努力採取措施，創造有利於這一問題徹底解決的條件。」[63]換言之，只要一日未出現有利這一

---

[60] Bush Announces Sale of F-16 Aircraft to Taiwan.
[61] Jim Mann, President to Sell F-16s to Taiwan, Officials Say, *Los Angeles Times,* Sept. 2, 1992, https://www.latimes.com/archives/la-xpm-1992-09-02-mn-6340-story.html. Accessed August 13, 2024.
[62] Ibid.
[63] Joint Communique of the United States of America and the People's Republic of China

問題徹底解決的條件,美國就有理由繼續對台軍售,所以老布希關於為維護區域的和平與穩定而批准對台軍售,也不能說完全不合理。更何況《與台灣關係法》,本就有「考慮以非和平方式決定台灣未來的任何方式,包括抵制或禁運,這對西太平洋地區的和平與安全構成威脅,都會引起美國的嚴重關切;向台灣提供防禦性武器;並維持美國抵抗任何可能危及台灣人民安全、社會或經濟制度的武力或其他形式脅迫行為的能力。」[64]等條文,更說明美國根據法律軍售台灣,堪稱合理。

根據美國白宮2020年的解密文件顯示,美國在簽訂817公報前,就已經由國務次卿勞倫斯・伊格爾伯格(Lawrence Eagleburger)發電文給美國在台協會處長李潔明(James Lilley)表示:「這兩種立場(美國對台軍售無論在質量上還是在數量上都不會超過建交以來近年來的水平、美國打算逐步減少對台軍售,在一段時間內達成最終解決方案)的前提,都是中國繼續奉行和平解決台灣問題的政策。如上所述,我們不同意終止對台軍售的最終日期或最終目標。」[65]並請李潔明「盡快安排與蔣總統

(the 1982 Communique).
[64] Taiwan Relations Act, *American Institute in Taiwan,* April 10, 1979, https://web-archive-2017.ait.org.tw/en/taiwan-relations-act.html.Accessed August 13, 2024.
[65] Taiwan Arms Sales, *American Institute in Taiwan*, July 10, 1982, https://www.ait.org.tw/declassified-cables-taiwan-arms-sales-six-assurances-1982/.Accessed August 13, 2024.

會面,並向他轉達我們召開軍事審查會議、通知國會有關F-5E以及移交F-104G的意向。」[66]由此可見,美國在簽訂817公報之前,就已經為持續對台軍售留有餘地,畢竟中國大陸要持續奉行和平解決台灣問題的政策不容易,因為北京始終未承諾放棄武力。

美國國務院不僅在事前就發電文說明對台軍售的立場,在簽訂817公報的同時,再次發電文給美國在台協會處長,揭示雷根政府的對台「六項保證」,亦即:

- 未同意設定終止對台軍售的日期
- 未同意就對台軍售議題向中華人民共和國徵詢意見
- 不會在台北與北京之間擔任斡旋角色
- 未同意修訂《台灣關係法》
- 未改變關於台灣主權的立場
- 不會對台施壓,要求台灣與中華人民共和國進行談判。[67]

這「六項保證」可說是讓台北吃下定心丸,既不用擔心美國對台軍售會停止,將無法有先進軍事裝備來對抗來自中國大陸的武力威脅,也無需顧慮美國會逼台灣上談判桌協商統一問題。當「六項保證」文件未解密時,美國國務院官員並未將其當成「一

---

[66] Ibid.
[67] Six Assurances, *American Institute in Taiwan*, Aug 17, 1982, https://www.ait.org.tw/declassified-cables-taiwan-arms-sales-six-assurances-1982/.Accessed August 13, 2024.

中政策」的內涵，解密後就自然成為其內涵。其中「未改變關於台灣主權的立場」究竟是什麼意思？在美中建交公報中，美國重申「無意侵犯中國主權和領土完整，無意干涉中國內政，無意奉行『兩個中國』、『一中一台』政策。」[68]只是美國只認知並不承認台灣是中國的一部分，似已為「兩個中國」、「一中一台」政策留有空間，表示「未改變關於台灣主權的立場」，也不能說無的放矢。

2018、2019年間，美國國會不斷提出各項支持台灣法案，包括已經由川普簽署生效的《臺灣旅行法》、《國防授權法》及《亞洲再保證倡議法》，以及提案未通過的《臺灣安全法》、《臺北法》、《臺灣國防評估委員會法》及《臺灣國際參與法》等法案，[69]都對美國的「一中政策」形成挑戰。尤其是《臺灣旅行法》明定「允許美國政府各級官員，包括內閣級國家安全官員、一般官員和其他行政部門官員前往台灣會見台灣同等級官員；也允許台灣高級官員在適當尊重其尊嚴的條件下進入美國，並會見美國官員，包括國務院和國防部的官員和其他內閣機

---

[68] Joint Communique of the United States of America and the People's Republic of China (Normalization Communique).
[69] 謝賢璟，川普政府「一個中國政策」變化因素之分析，**國會季刊**，47卷第2期，2019年6月，頁83-110。

構。」[70]這等同是雙方有官方關係，否則為何內閣級官員能相互見面。

中國外交部發言人華春瑩表示：「雖然該法案不具法律約束力，但是嚴重違反『一個中國』原則，中方對此表示強烈不滿和堅決反對，已向美方提出嚴正交涉；『一個中國』原則是中美關係的基礎，中方敦促美方停止與台灣的官方往來，謹慎妥善處理涉台問題，避免嚴重干擾和損害中美關係。」[71]即使美國認為台灣旅行法沒有違反美中建交公報中的「一中政策」，但是過去美台雙方有官員見面不是未見諸媒體就是層級不高，如今允許各級官員互訪，怎能說對一中政策沒有衝擊呢？

果不其然，在台灣旅行法通過兩年後，美國衛生與公眾服務部（HHS）部長亞歷克斯・阿扎（Alex Azar）於2020年8月率領代表團訪問台灣，美國在台協會表示：「這是美國衛生與公眾服務部部長首次訪問台，也是六年來首位訪問台的內閣成員，更是自1979年以來美國最高級別的內閣官員訪問。」[72]美國在台協

---

[70] Taiwan Travel Act, Congress.Gov, March 16, 2018, https://www.congress.gov/bill/115th-congress/house-bill/535.Accessed August 13, 2024.

[71] Michael Martina and Patricia Zengerle, China angered with U.S.-Taiwan travel bill, adding to tensions, *Reuters,* March 1, 2018, https://www.reuters.com/article/world/china-angered-with-us-taiwan-travel-bill-adding-to-tensions-idUSKCN1GD3HH/.Accessed August 13, 2024.

[72] HHS Secretary Alex Azar to Lead Delegation to Taiwan in First Visit by a U.S. HHS Secretary, *American Institute in Taiwan,* August 5, 2020, https://www.ait.org.tw/hhs-

會另外指出:「2018年川普總統簽署了《台灣旅行法》,這次訪問是美國派遣美國高級官員訪問台灣政策的一部分,以重申美台友誼,追求共同利益,並慶祝將美台聯繫在一起的共同價值。與威權體制相比,美國和台灣的社會和經濟擁有獨特的能力來推動醫學和科學等領域的全球進步,幫助世界應對新出現的威脅。」這明顯是在打「台灣牌」來牽制中國大陸,否則何需劍指威權體制,實質也在挑戰其本身的「一中政策」,如此又怎會樂見兩岸「和平統一」以壯大競爭對手呢?

實際上冷戰結束後有段時間,美國是樂見兩岸「和平統一」的。特別是1995年至1996年台海危機的動盪之後,美國最關心的是台海的和平與穩定,因此任何以和平、非脅迫的方式取得的結果都是美國可以接受的。[73]中國大陸前外事委員戴秉國在回憶錄中講述了2004年3月與美國國防部長保羅・伍夫維茲(Paul Wolfowitz)的一次頗私人談話,得知美國歡迎海峽兩岸「和平統一」,因為這將減輕美國在東亞的一個重大難題和負擔。[74]2009年至2016年間也有美國學者退休軍事人員發表所謂的

---

secretary-alex-azar-to-lead-delegation-to-taiwan-in-first-visit-by-a-u-s-hhs-secretary/. Accessed August 13, 2024.

[73] Dalei Jie, U.S. evolving strategic thinking about Taiwan, *China International Strategy Review*, 2022, Volume 4, pages 217–232.

[74] Ibid.

「棄台論」，有出於美中合作的需要之主張的，如2009年的美國退役海軍上將、參謀長聯席會議前副主席比爾‧歐文斯（Bill Owens）、2010年的基里（Bruce Gilley）、2011年美國前哈佛大學甘迺迪學院國際安全研究員肯恩（Paul Kane）等；有認知到兩岸終歸統一的大趨勢的，如2011年的前美軍太平洋司令部指揮官的普理赫（Joseph Prueher）、2014年的著名國際關係理論家米爾斯海默（John Mearsheimer）等；有考量避免美中為台灣而戰的，如2011年的葛雷瑟（Charles Glaser）與2016年的凱托研究所的副所長卡本特(Ted Galen Carpenter)等。[75]若「棄台論」最終成為美國政策，當然也就不會或無意願阻止兩岸和平統一。

　　隨著美國接觸政策的結束以及川普和拜登總統領導下對中戰略競爭的興起，美國現在愈來愈將台灣視為戰略資產，台灣與中國大陸的分離被認為符合美國的國家利益。美國國防部助理部長瑞得納（Ely Ratner）出席國會聽證會時，「台灣位於第一島鏈的關鍵節點，猶如是美國盟友和合作夥伴網絡的定錨—從日本列島一直延伸到菲律賓和南中國海—這對該地區的安全至關重要，對於維護美國在亞太地局的關鍵利益也至關重要。從地理位置來看，台灣也位於主要貿易航線沿線，為世界大部分商業和能源運

---

[75] 美國「棄台論」主張，請參見戴東清，中共對台動武可能徵候之分析，**國際與公共事務**，第12期，2020年6月，頁35-62。

輸提供海上交通線。出於這些戰略原因，本屆政府確認了對「一中政策」的承諾，並以台灣關係法、美中三個公報及六項保證為指導原則。[76]這就是美國「一中政策」矛盾之處，既凸顯台灣戰略地位的重要性，以及看重台灣關係法重於美中三公報，卻又認為對「一中政策」的承諾不變。歸根結底，美國「一中政策」是確保美國利益不受損的工具，現階段兩岸分離符合其利益，這也可說明為何聯合國安理會2758號決議文會再被提起，並認為該決議文未解決台灣地位歸屬的問題。

---

[76] Ely Ratner, Statement at the hearing *"The future of U.S. policy on Taiwan." Committee on Foreign Relations of the United States Senate,* the 117th Congress. December 08, 2021. https://www.foreign.senate.gov/imo/media/doc/120821_Ratner_Testimony1.pdf. Accessed August 13, 2024.

第三章
中國大陸兩岸「和平統一」政策乏力

中國大陸兩岸「和平統一」政策乏力的因素主要有三，一是堅持一中原則難以縮短統一的距離，二是外交打壓與武力威嚇等反獨策略的效應正在遞減，三則是經濟融合效果不彰。上述三項因素，使得兩岸「和平統一」無法因為中國大陸所採行的策略而有實現的可能性。

第一節　一中原則難縮短統一距離

北京對台政策是依循「一中原則」而展開，「一中原則」三段論在不同階段有不同的內容。「世界只有一個中國，台灣是中國的一部分，中華人民共和國是中國唯一合法政府」，是中國大陸與外國建交時所用內容，包括見諸前述美中建交公報的內容。「世界只有一個中國，台灣是中國的一部分，中國領土主權不能分割」，自1997年1月以來在兩岸關係上的主張；「世界只有一個中國，台灣與大陸都是中國的一部分，中國領土主權不能分

割」，則是大陸國務院副總理錢其琛於2008年8月會見台灣聯合報系訪問團，針對「一個中國」原則問題所發表談話的內容。[1]

相較於前兩種「一中原則」三段論，第三種三段論確實能較凸顯兩岸對等的地位。只是這樣的對等地位只限於兩岸之間，而無法適用在國際社會，即北京對台採取的所謂「內外有別」策略。[2]然而兩岸不只是兩岸，而是共存於國際社會，「內外有別」在遇到台灣的國際生存空間問題，就會產生矛盾。換言之，只要「一中原則」在國際社會欠缺中華民國表述的空間，一旦台灣接受「一中原則」，則中華民國形同消失，試問如何能在中華民國已是各政黨的最大公約數的台灣找到支持力量？

1992年兩岸在香港舉行事務性協商，達成「各自以口頭表述堅持一個中國原則」的「共識」也好，「附和」或「諒解」也罷，也就是國民黨認定的「九二共識」是「一中各表」，[3]既然雙方在「一中各表」上有「共識」或「諒解」，並且台灣海基會董事長辜振甫與海協會會長汪道涵，還得以在此基礎上於1993年在新加坡舉行「辜汪會談」，為雙方在國際場合自然見面留下

---
[1] 戴東清，一個中國內外有別對台灣的適用性探討，中國大陸研究，44卷6期，2001年6月，頁41-51。
[2] Ibid.
[3] 黃天才、黃肇珩，勁寒梅香：辜振甫人生紀實：一個中國涵義的政治糾葛，台北：聯經出版社，2005年，頁257-276。

了典範，[4]也為2015年馬英九總統與習近平主席在新加坡見面的「馬習會」創造條件，實在不應輕易揚棄。辜振甫認為，第一次辜汪會談能獲得突破性的成果，關鍵在於兩岸在「一中原則」上，雙方得以「各自表述」其內涵。[5]若是兩岸當局能不糾纏於「一中原則」，相信兩岸關係早已不是如此。尤其是中國大陸理應遵循「大事小以仁」的原則來對待台灣，才不致使台灣因擔心有被吃掉的危機而選擇不靠近大陸。不過兩岸接下來的互動發展，卻不是如此，反而是漸行漸遠！

　　1993年時任中國大陸國家主席江澤民，在西雅圖舉辦首屆APEC亞太經合會領袖高峰會上表示：「一個中國就是中華人民共和國，台灣是中華人民共和國的一個省，中國台北是地區經濟，以『中國台北』參加APEC，中國不會反對。」當時擔任代表團團長的江丙坤對此直言：「台灣與中國大陸，都是在一個中國領土上主張主權的兩個主權國家，我們是以將來『一個中國』為指向的階段性『兩個中國』政策」，引發熱議。[6]這樣的發展可說是兩岸已經有點針鋒相對而撕破臉的味道，北京固然為了不

---

[4] Ibid.
[5] Ibid.
[6] 鄭仲嵐，前海基會董事長江丙坤過世，生前見證兩岸關係的四大歷史時刻，BBC，2018年12月11日，https://www.bbc.com/zhongwen/trad/46516402。上網日期：2024年8月15日。

在國際場合留下「兩個中國」印象,而將台灣矮化為「一省」,然而這樣的定位,恐怕是任何一位台灣人都無法接受的,台灣要向「一中」的立場靠近就更不容易。

1995年6月李登輝受邀回母校美國康乃爾大學發表演說,由於在演說中多次強調「中華民國在台灣」,被北京視為是「公然製造『兩個中個』、『一中一台』」的活動,同時以兩岸氣氛不佳為由,推遲第二次辜汪會談。[7]1996年3月的台海飛彈危機、1996年4月底海協會公開宣稱「1993年辜汪會談前,海基會與海協會就『海峽兩岸均堅持一個中國之原則』達成口頭共識」,以及1996年5月海協會否認兩岸之間有「一個中國、各自表述」的共識,聲稱「雙方均堅持一個中國原則」才是1992年的共識。[8]由此可見,北京不僅不願在國際場合留下兩個中國的印象,甚至在兩岸之間也緊縮「一個中國各自表述」的空間,試問兩岸關係要如何能良性互動?

因為兩岸缺少「一個中國各自表述」,所以「兩國論」或「特殊兩個論」,自然而然就會成為台灣對於兩岸關係的定位。李登輝在1999年接受外媒詢問對「中國大陸視台灣為叛離的一省」的看法時,表達「兩岸是『國與國關係』,至少是『特殊

[7] 黃天才、黃肇珩,勁寒梅香:辜振甫人生紀實:一個中國涵義的政治糾葛。
[8] Ibid.

國與國關係』，而非一叛亂團體，或一中央政府、一地方政府的『一個中國』內部關係」。[9]這樣的定位當然會引發北京的不快，只是北京未預見到不接受「一中各表」，就會面臨「兩個中國」的衝擊。前總統蔡英文在2021年國慶演說中提出四個堅持，其中一個堅持就是「中華民國與中華人民共和國互不隸屬」，[10]賴清德2024年在就職演說不僅指出「中華民國與中華人民共和國互不隸屬」，更表示「無論是中華民國、中華民國臺灣，或是臺灣，皆是我們自己或國際友人稱呼我們國家的名稱」，[11]就是在此背景下的產物，可謂是比「特殊兩國論」走得更遠，北京的政策難道不該檢討嗎？

北京方面念茲在茲希望用「一中原則」來框住台灣，不料反而讓台灣距離「一中」愈來愈遠。若是北京不改變政策取向，持續想要用僵化的「一中原則」來定位兩岸關係，兩岸的政治距離只會愈來愈遠而不是更近。當兩岸的政治距離在可預見的未來只有更遠而沒有最遠，試問「和平統一」還有可能實現嗎？這就是北京未照顧到台灣人認同的需要必然會面臨的結果，畢竟當中華

---

[9] Ibid.
[10] 蔡英文，共識化分歧、團結守台灣，**中華民國總統府**，2021年10月10日，https://www.president.gov.tw/News/26253。上網日期：2024年8月16日。
[11] 賴清德，打造民主和平繁榮的新臺灣，**中華民國總統府**，2024年5月20日，https://www.president.gov.tw/Page/700。上網日期：2024年8月16日。

民國在國際上沒有空間,中華民國與「一中」的紐帶就會失去基礎,自然會導致「中國人認同」的弱化,相對的「台灣人認同」就會強化。這可從政治大學選研究中心的調查顯示,同時是中國人與台灣人的認同屢創新低,「台灣人認同」則是屢創新高獲得印證,這又如何能夠有利於「和平統一」呢?

南北韓與德國統一前的德西與德東,人民不會對統一有疑義,就是因為他們同時都被國際社會承認,因此就不會產生韓國人與南韓人、德國人與西德人認同分裂的問題。台灣有中國人與台灣人認同分裂的問題,就是因為中華民國不被國際上大部分國家所承認所致。若是不能解決外交承認問題,或起碼是具備國際組織觀察員的身分,在台灣的「中國人認同」將無法回覆,如此也就預示「和平統一」將不可能發生,若兩岸要統一,只能訴諸武力,這是北京樂見的嗎?

除了堅持「一中原則」促進兩岸統一外,北京在推動兩岸統一有兩種策略,一為「反獨」、一為「促統」。「反獨」主要靠外交上的打壓與軍事上的恫嚇,使台灣不致在獨立路上愈走愈遠,甚至公投獨立,另也要防止國際勢力介入;「促統」則是透過兩岸的經濟與文化紐帶,讓兩岸的政治距離愈來愈近,為協商統一創造條件。只是「反獨」與「促統」的效果愈來愈有限,否則兩岸關係又豈會是當今的局面!

第二節　外交打壓與武力威嚇效應遞減

　　如前所述，中國大陸「反獨」主要靠外交上的打壓與軍事上的恫嚇。2016年民進黨籍的蔡英文當選總統至2024年卸任的8年間，中國大陸共挖走10個台灣的邦交國，迫使台灣必須採取斷交措施。台灣分別在2016年12月21日與聖多美普林西比斷交、2017年6月13日與巴拿馬斷交、2018年5月1日、5月24日、8月21日先後與多明尼加、布吉納法索、薩爾瓦多斷交、2019年9月16日、9月20日分別與索羅門群島、吉里巴斯斷交、2021年12月9日與尼加拉瓜斷交、2023年3月26日與宏都拉斯斷交，以及在賴清德2024年1月13日當選後兩天的1月15日與諾魯斷交，使得台灣邦交國數目降為12個。[12]

　　2013年當台灣非洲邦交國甘比亞與台灣斷交時，當時外交部長林永樂對外表示，若在一個月內有邦交國斷交，就會負起完全責任（下台），[13]當時外交部長因斷交而被要求下台的壓力非常大。然而2016年、2017年聖多美普林西比及巴拿馬分別與台灣斷

---

[12] 編輯部，中國陰狠精算8年出手10次「奪台邦交國」成政治工具，**中央社**，2024年1月15日，https://www.cna.com.tw/news/aipl/202401150242.aspx。上網日期：2024年8月16日。

[13] 何庭歡，林永樂：一個月內再有斷交願負完全責任，**中時新聞網**，2013年11月18日。https://www.chinatimes.com/realtimenews/20131118003727-260407?chdtv。上網日期：2024年8月16日。

交時，時任外交部長李大維指出：「作為外交部長，對所有外交事務要負完全責任」，被問到是否向總統談及去留問題時表示：「總統完全知道我的想法」，[14]被要求下台的壓力已大不如前。至於2018年至2024年的5年多的時間，台灣總共失去了8個邦交國，外交部長吳釗燮表示，每次斷交都會口頭詢問是否該辭職負責，但總統蔡英文都慰留他說「錯不在你」。[15]斷交責任既然無需外交部長承擔，也說明北京想要用挖邦交國的方式來「反獨」的效應正在遞減，畢竟政府與民間對此已習以為常。

「慢走不送！」是台灣許多網民在2024年1月15日諾魯宣布與台北再次斷交後的反應，許多台灣輿論也表示毫不在意這些小國與台灣的往來如何；連過去批評蔡英文兩岸關係處理不好，才導致北京施壓邦交國與台北斷交的國民黨，也罕見地批評北京，難以認同且難以接受其在此刻策動邦交國與台北斷交的做法；另發聲明認為中南海「不應在此時縮減中華民國的國際空間。」[16]可見北京持續挖台北的邦交國不但未能達到警告台獨的效果，反

---

[14] 翟思嘉，台巴斷交、李大維：對外交事務負完全責任，**中央社**，2017年6月13日，https://www.cna.com.tw/news/aopl/201706130095.aspx。上網日期：2024年8月16日。

[15] 林昀真，6年任內斷8個邦交國、吳釗燮：每次口頭請辭被總統慰留「錯不在你」，Newtalk**新聞**，2024年5月9日，https://newtalk.tw/news/view/2024-05-09/919169。上網日期：2024年8月17日。

[16] 呂嘉鴻，北京施壓與台灣「斷交潮」持續：民眾有何看法？邦交國會否「清零」？BBC，2024年1月25日 https://www.bbc.com/zhongwen/trad/world-68090660。上網日期：2024年8月17日。

而增加台灣人民對北京的反感,更不利為兩岸「和平統一」創造條件。

　　台灣藝人周子瑜在一個南韓節目揮著青天白日滿地紅旗,被自稱「台獨殺手」的黃安在微博上檢舉她支持台灣獨立。黃安的貼文被轉發1萬5千多次,不少中國大陸網友支持黃安言論,情勢一發不可收拾。周子瑜所屬經紀公司JYP對此發表聲明,指周子瑜為台獨分子是「不實傳聞」,亦承認此傳聞使JYP在中國大陸工作受到影響,不得已取消周子瑜所有在中國大陸的演藝活動,另把周子瑜官方網頁的自我介紹的國籍從台灣改為「出生地:台灣」,再改到「出生地:中國台灣」。[17]

　　為了平息大陸網民的怒火,JYP播出周子瑜道歉影片,在影片中周子瑜表示:「中國只有一個,海峽兩岸是一體的,我始終為自己是一個中國人感到驕傲,我作為一個中國人,在國外活動時,由於言行上的過失,對公司對兩岸網友的情感造成傷害,我感到非常非常抱歉,也很愧疚,我決定中止目前中國一切的活動,認真反省,在此向大家道歉,對不起。」[18]周子瑜的道歉不但未能平息大陸網民的情緒,反而激起更多連鎖效應。

---

[17] 周子瑜事件持續發酵、兩岸三地反應強烈,BBC,2016年1月16日https://www.bbc.com/zhongwen/trad/china/2016/01/160116_taiwan_chou_tzu_yu。上網日期:2024年8月17日。

[18] Ibid.

中國大陸官媒《人民日報》對此也在微博評論：「涉台獨周姓藝人道歉了。面對韓國公司的『打馬虎眼』，粉絲喊出先國家後偶像，而即便現在雙雙致歉，公眾形像一時恐難挽回。其實粉絲並非願意讓娛樂政治化，也絕不希望政治娛樂化。因為你公關或不公關，一個中國原則都在那裏，不增不減，不容挑戰。每一顆愛國心，都值得被小心安放。」[19]

周子瑜道歉影片震撼台灣，不只總統府發言人表示周子瑜不必道歉，有網友也表示在「這代表九二共識是假的」、「台灣人感覺徹底輸給人民幣……」。[20]這事件當然對兩岸關係造成極為負面的影響，甚至有清醒的大陸網友指出：「大陸文革式整人思維土壤將會讓台灣年輕人與大陸越走越遠，最終實現台灣年輕人支持獨立，這就是黃安的作用。」[21]不過被民族主義思想充斥的大陸人民，又有幾個是清醒的呢！由於周子瑜事件發生時正值台灣總統大選，該事件也成為壓垮國民黨選情的最後一根稻草。

國民黨敗選報告中指出，該黨在兩岸關係的努力，卻被競爭對手刻意以「親中賣台」、「矮化主權」為攻擊論點，兩岸和平發展紅利未能使全民共享與了解，必須檢討改進；另表示，選

---

[19] Ibid.
[20] Ibid.
[21] Ibid.

戰最後一刻的周子瑜事件,「無疑是壓垮國民黨的最後一根稻草」。²²這就是反獨操作不當,不僅對反獨沒有幫助,反而會製造出更多的台獨。北京對少數台獨頑固分子實施懲戒,實際上是另外一種反獨不利統一的措施。若是相關部門只是為了單純創造業績,對內有所交待,當然無可厚非,但是若想為「和平統一」創造條件,實在有待商榷!

2021年11月5日,國台辦公布文件表示,依法對蘇貞昌、游錫堃、吳釗燮等極少數「台獨」頑固分子實施懲戒,國台辦發言人朱鳳蓮對此表示:「大陸方面依法對清單在列的上述『台獨』頑固分子實施懲戒,禁止其本人及家屬進入大陸和香港、澳門特別行政區,限制其關聯機構與大陸有關組織、個人進行合作,絕不允許其關聯企業和金主在大陸謀利,以及採取其它必要的懲戒措施。」²³

2022年8月3日,國台辦繼2021年後加碼宣布對「台獨」頑固分子關聯機構予以懲戒,包括「臺灣民主基金會、國際合作發展基金會被視為是打著民主和合作發展的幌子,在國際上大肆從事

---

22 劉麗榮,周子瑜事件 國民黨:最後一根稻草,中央社,2016年2月3日,https://www.cna.com.tw/news/aipl/201602030237.aspx。上網日期:2024年8月17日。
23 國台辦,依法對蘇貞昌、游錫堃、吳釗燮等極少數「台獨」頑固分子實施懲戒,新華網,2021年11月5日,http://www.gwytb.gov.cn/xwdt/xwfb/wyly/202111/t20211105_12389168.htm。上網日期:2024年8月17日。

『台獨』分裂活動，禁止其與大陸組織、企業、個人合作，依法懲治為上述基金會提供資助或服務的組織、企業、個人，以及採取其他必要措施；禁止大陸組織、企業、個人與為上述基金會捐款的宣德能源、凌網科技、天亮醫療、天眼衛星科技等企業進行任何交易、合作，禁止有關企業負責人入境。」[24]不只是將臺灣民主基金會、國際合作發展基金會列入懲戒名單，連捐款的宣德能源、凌網科技、天亮醫療、天眼衛星科技也被納入，或許是想要達到殺雞儆猴的效果，然而擴大打擊面的結果，不正說明不是極少數「台獨」頑固分子關聯機構嗎？

為了繼續用法律來反獨，中國大陸最高人民法院、最高人民檢察院、公安部、國家安全部、司法部於2024年6月21日，聯合頒布《關於依法懲治「台獨」頑固分子分裂國家、煽動分裂國家犯罪的意見》的通知。其中第二條規定的分裂行為有（1）發起、建立「台獨」分裂組織，策劃、制定「台獨」分裂行動綱領、計劃、方案，指揮「台獨」分裂組織成員或者其他人員實施分裂國家、破壞國家統一活動的；（2）通過制定、修改、解釋、廢止臺灣地區有關規定或者"公民投票"等方式，圖謀改變

---

[24] 國台辦，對「台獨」頑固分子關聯機構予以懲戒，新華網，2022年8月3日，http://www.gwytb.gov.cn/xwdt/xwfb/wyly/202208/t20220803_12457720.htm。上網日期：2024年8月17日。

台灣是中國一部分的法律地位的；（3）通過推動臺灣加入僅限主權國家參加的國際組織或者對外進行官方往來、軍事聯繫等方式，圖謀在國際社會製造「兩個中國」、「一中一台」、「台灣獨立」的；（4）利用職權在教育、文化、歷史、新聞傳媒等領域大肆歪曲、篡改臺灣是中國一部分的事實，或者打壓支援兩岸和國家統一的政黨、團體、人員的；（5）其他圖謀將臺灣從中國分裂出去的行為。[25]可說已經將可能有的行為都考慮到了，然而其中也涉及言論自由的部分，其實很容易讓尺度沒掌握好的人入罪，且有缺席審判的設計，如此只會讓台灣人民因擔心不小心入罪而離中國大陸更遠而不是更近。

繼6月發布懲治「台獨」意見後，大陸國台辦官網2024年8月7日新增了一項「依法懲治『台獨』頑固分子」的專欄，點入「清單在列的『台獨』頑固分子」，可以看到中國大陸中央台辦、國務院台辦列出蘇貞昌、游錫堃、吳釗燮、蕭美琴、顧立雄、蔡其昌、柯建銘、林飛帆、陳椒華、王定宇等十人的名單。[26]其中前3位在2021年被點名，後面7位在2022年也被公布

---

[25] 最高人民法院、最高人民檢察院、公安部、國家安全部、司法部，關於依法懲治「台獨」頑固分子分裂國家、煽動分裂國家犯罪的意見，**新華網**，2024年6月21日，http://www.gwytb.gov.cn/topone/202406/t20240621_12629559.htm。上網日期：2024年8月17日。

[26] 陳政錄，懲治「台獨」頑固分子　陸國台辦官網增設新專欄，**聯合報**，2024年8月7日，https://udn.com/news/story/7331/8145862。上網日期：2024年8月17日。

過，不論是蔡其昌、林飛帆或王定宇，都認為被中國大陸制裁是種勳章。[27]這說明懲治名單恐未能發揮反獨效果。

更何2021年只有三位極少數的「台獨」頑固分子，到了2022、2024年變成10位，不就說明愈反獨反而愈增加「台獨」頑固分子嗎？不知道這算盤是怎麼打的。連在台灣主張「和中」的國民黨，發言人對此都表示：「互相貼標籤的行為非常不利兩岸溝通跟區域和平，對於此事表達遺憾跟譴責，希望兩岸都能在善意與友好的情況下，互相溝通。」[28]除非北京已經放棄「和平統一」政策方針，否則此種反獨作法，除了對內有所交待外，實在對創造「和平統一」的環境沒有幫助。

軍事上恫嚇亦是北京反獨的重要手段，不論是1996年3月的對台軍演，為了不使被認定已經向台獨偏向的李登輝連任總統，或者是2016年5月20日民進黨籍的蔡英文總統就任後，開始派遣軍機與軍艦巡航台灣海峽，甚至跨越台海中線的次數愈來愈多，讓過去兩岸相互諒解而存在台海中線幾近消失，蔡英文總統還特別鄭重地提醒北京當局，不要刻意挑釁、不要製造事端、不要試

---

[27] 劉玉秋，遭列台獨頑固名單綠委齊喊「光榮的勳章」，**中央廣播電台**，2022年8月16日，https://www.rti.org.tw/news/view/id/2141742。上網日期：2024年8月18日。

[28] 劉冠廷，國台辦增台獨頑固分子專欄　藍：貼標籤不利兩岸溝通，**中央社**，2024年8月7日，https://www.cna.com.tw/news/aipl/202408070259.aspx。上網日期：2024年8月18日。

圖破壞台海的現狀。[29]

只是2022年北京為抗議美國前眾院議長裴洛西訪台，8月4日至7日解放軍在台灣週邊舉行環台軍演，軍演範圍甚至靠近台灣12海浬的領海與領空的鄰接區，對台灣的軍事防衛造成非常大的壓力。[30]畢竟一直都在警戒與待命，在武器、裝備的操作上就無法精進，另外就是耗材、耗油、耗能，如戰艦都要燒油，軍機在航更換零件或進廠維修，包括後勤補給，都會陷入疲勞戰。[31]除非北京當局真的要採取武力統一手段，否則再多的軍事演習，只對軍方造成壓力，老百姓卻無感，如此恐怕也無法達到反獨的預期效果。

就在北京8月4日開始軍演後，沒想到8月5日台股卻拉出長紅，股價大漲333.84點，這樣的結局大大出乎很多人的預料，有論者不約而同地表示：「台灣真是一個神奇的地方，中國大陸軍演當前，台灣人『馬照跑，舞照跳』，大家生活作息並沒有受到影響，這並不是表示台灣人不怕戰爭，而是兩岸實質開戰機率不高，況且，半世紀以來台灣民眾已經很習慣中國一貫的文攻武

---

[29] 溫貴香，總統抗議共機越海峽中線　提醒北京當局三不要，**中央社**，2019年4月1日，https://www.rti.org.tw/news/view/id/2141742。上網日期：2024年8月18日。

[30] 祝潤霖，「海峽中線」消失有多傷？前空軍副司令揭嚴重後果，**中時新聞網**，2022年8月7日，https://www.chinatimes.com/realtimenews/20220807003229-260407?chdtv。上網日期：2024年8月18日。

[31] Ibid.

嚇。」[32]解放軍圍台軍演，竟然不像過去一樣對台股造成震盪的效果，也說明軍事恫嚇的效果正在遞減當中。由此可知，北京若要實現「和平統一」，又豈能不調整反獨的作法！若不調整策略，「和平統一」勢必無法實現。

第三節　經濟融合效果不彰

從早期中國大陸對台的「三通、四流」策略開始，就希望能夠透過經濟的交流與合作，進而縮短兩岸的政治距離。兩岸經濟交流與合作，在馬英九2008年至2016年執政期間可謂是達到了最高峰，雙方的半官方組識海基會及其對口組織海協會，不僅在2010年簽署ECFA，也簽訂了雙方合作的其他22項協議。這不僅為兩岸經濟邁向一體化創造條件，也為台灣農漁產品銷往中國大陸打開了方便之門。尤其是中國大陸並未相對要求台灣對大陸農漁產品開放市場，可說欲藉對台經濟讓利進而達成縮短政治距離之目標的意圖十分明顯。

儘管蔡英文2016年執政，兩岸因「九二共識」的政治基礎

---

[32] 吳美觀，陸鎖台軍演　台股還暴漲！謝金河：台灣真是個神奇的國家，中時新聞網，2022年8月15日，https://www.chinatimes.com/realtimenews/20220815000010-260410?chdtv。上網日期：2024年8月18日。

不再,以致中斷了官方交流,不過中國大陸為了推動兩岸關係發展,促進「和平統一」,仍然發佈了多項惠台措施。2018年大陸國台辦、國發委頒布《關於促進兩岸經濟文化交流合作的若干措施》(俗稱31條措施),內容涉及產業合作、稅收優惠、就業創業、文化教育、社會保障等領域,旨在為台胞在大陸的學習、就業、創業和生活提供便利的環境和條件,包括,台灣企業可享受大陸企業同等的產業政策,台灣同胞可申請與大陸居民相同的科研基金、參與技術專案,台灣學生在大陸享受與大陸學生同等的獎學金和助學金待遇等。[33]

2019年在原有31條的基礎上,大陸國台辦與發改委再共同頒布《關於進一步促進兩岸經濟文化交流合作的若干措施》(俗稱26條措施),內容涉及促進臺灣同胞在大陸的投資便利化、參與重大工程建設、享受金融服務等,包括台灣企業可以參與大陸5G網路建設、民航等重大專案、台灣企業和個人可享受更加優惠的貸款和融資政策、推動兩岸職業資格互認,台灣專業人才在大陸工作更加便利。[34]不論是惠台灣31條或26條都是北京在兩岸

---

[33] 國台辦,關於促進兩岸經濟文化交流合作的若干措施,**國台辦網站**,2018年2月28日,http://www.gwytb.gov.cn/zccs/bszn/jy/201802/t20180228_11928139.htm。上網日期:2024年8月18日。

[34] 國台辦,關於進一步促進兩岸經濟文化交流合作的若干措施,**國台辦網站**,2019年11月4日,http://www.gwytb.gov.cn/wyly/201911/t20191104_12214930.htm。上網日期:2024年8月18日。

官方沒有溝通管道的情況下，片面採取操之在我且有利兩岸融合的措施，目的在為「和平統一」創造條件。

2023年中國大陸國務院更發布《關於支援福建探索海峽兩岸融合發展新路建設兩岸融合發展示範區的意見》，主要是想要借助福建在對台工作全域中具有獨特地位和作用，以之作為探索海峽兩岸融合發展新路、建設兩岸融合發展示範區，俾深化兩岸各領域融合發展，推進「和平統一」進程。[35]該意見的總體要求，就是貫徹習近平在「中國大陸二十大」所提出的新時代解決臺灣問題的總體方略，突出「以通促融」、「以惠促融」、「以情促融」，在福建全域建設兩岸融合發展示範區，並引導其他地區找準定位、協同增效。[36]

福建示範區的主要工作內容有17項，分別為（一）暢通臺胞往來通、（二）促進台生來閩求學研習、（三）鼓勵臺胞來閩就業、（四）擴大臺胞社會參與、（五）便利臺胞在閩生活、（六）完善涉台司法服務、（七）優化涉台營商環境、（八）深化產業合作、（九）促進臺灣農漁業和中小企業在閩發展、（十）加強科技創新合作、（十一）支援廈門與金門加快融合發

---

[35] 新華社，關於支援福建探索海峽兩岸融合發展新路建設兩岸融合發展示範區的意見，**新華網**，2023年9月12日，http://www.gwytb.gov.cn/topone/202309/t20230912_12566987.htm。上網日期：2024年8月18日。
[36] Ibid.

展、（十二）支援福州與馬祖深化融合發展、（十三）加快平潭綜合實驗區開放發展、（十四）推進福建其他地區開展融合實踐、（十五）擴大社會人文交流合作流、（十六）鼓勵青少年交流交往（十七）促進文化領域融合發展。[37]說明不只是在經濟上要融合發展，在青少年交流及文化領域融合方面也要推進，若未來實施效法良好，確實會對中華民國政府形成壓力。

主管對台統戰工作的全國政協主席王滬寧，在兩岸融合發展示範區建設專題推進會上強調：「福建在促進兩岸融合發展方面具有獨特優勢，要支援福建在探索海峽兩岸融合發展新路上邁出更大步伐，為全面深化兩岸融合發展做好示範。……要探索和創新兩岸融合發展新路的經驗做法，研究解決政策實施中的難點堵點問題，強化融合發展工作統籌和責任落實，讓台灣同胞分享中國式現代化發展機遇、共用祖國大陸發展進步成果。」[38]彷彿福建融合發展示範區只要今天成功，明天兩岸就有協商統一的條件，只是北京不明白的是，此種只看重經濟卻不重視認同的作法，政策效果恐不容易突顯。

---

[37] Ibid.
[38] 新華社，王滬寧在兩岸融合發展示範區建設專題推進會上強調　貫徹落實新時代黨解決臺灣問題的總體方略　推動兩岸融合發展示範區建設取得新成效，**新華網**，2024年6月14日，http://www.gwytb.gov.cn/topone/202406/t20240614_12627874.htm。上網日期：2024年8月18日。

廈大台研院副院長張文生對此指出,「此時推出這個政策,第一個就是表達一種善意,還是希望繼續推動兩岸關係和平發展,通過融合的方式,促進兩岸繼續發走向「和平統一」發展;居民待遇已經超出了其他省的居民在福建的待遇,體現兩岸一家親、閩台一家親,如果閩台這一方面的措施規劃有良好的發展,不排除大陸其他省市同樣會推廣,逐漸進一步的擴大落實。」[39]大陸全國台企聯常務副會長、廈門台商協會榮譽會長吳家瑩指出:「該《意見》的發佈對在福建打拼的廣大台胞來說,非常振奮人心;《意見》涵蓋人員往來、貿易投資、交流合作、社會人文,讓台灣民眾在福建創業、就業等更有信心。」[40]究竟結果如何,仍待時間驗證,尤其是對於那些與福建互動較少的台灣人民來說,《意見》恐不具吸引力。

　　除了公布及設法落實兩岸經濟與文化融合措施外,北京也開始宣揚兩岸統一的好處,例如習近平2019年在宣誓「和平統一」的「告台灣同胞書」40周年談話中,明白表示「在確保國家主權、安全、發展利益的前提下,「和平統一」後,台灣同胞的社會制度和生活方式等將得到充分尊重,台灣同胞的私人財產、宗

---

[39] 任以芳,陸推最強福建21條惠台《意見》　陸學者:釋出善意和國家戰略決心,ETtoday新聞雲,2023年9月13日https://www.ettoday.net/news/20230913/2581196.htm#ixzz8jXqMdCgm。上網日期:2024年8月18日。
[40] Ibid.

教信仰、合法權益將得到充分保障;「和平統一」之後,台灣將永保太平,民眾將安居樂業。有強大祖國做依靠,台灣同胞的民生福祉會更好,發展空間會更大,在國際上腰桿會更硬、底氣會更足,更加安全、更有尊嚴。」[41]偏偏兩岸在主權問題上充滿歧見,因此在前提未釐清前,談「和平統一」後台灣各項權益都能獲得保障,談何容易。畢竟對許多台灣人而言,主權就是最大的權益。更何況台灣在國際上不能挺直腰桿,不就是北京從中作梗的緣故嗎?此等說法對台灣人民而言,可能產生不了作用。

　　大陸國台辦前副主任劉軍川2021年10月29日亦表示:「統一後,台灣的和平安寧將得到充分保障,台灣同胞的生活方式、私人財產、宗教信仰、合法權益不受侵犯;統一後台灣的經濟發展將得到充分增進,以大陸市場為廣闊腹地,發展空間更大,經濟競爭力更強,產業鏈、供應鏈更加穩定通暢,創新活力在共同市場內充分湧流;台灣同胞的民生福祉將得到充分提升,兩岸交流往來更加便捷,台灣同胞特別是廣大青年來大陸發展的天地更加廣闊,『台灣的財政收入盡可用於改善民生』。」[42]實際上統一

---

[41] 習近平,在《告台灣同胞書》發表40周年紀念會上的講話,**人民網**,2019年1月2日,http://cpc.people.com.cn/BIG5/n1/2019/0102/c64094-30499664.html。上網日期:2024年8月18日。

[42] 林則宏,國台辦副主任:統一後　台灣財政收入盡可用於改善民生,**聯合報**,2021年10月30日,https://udn.com/news/story/7331/5854167。上網日期:2024年8月18日。

前台灣同胞的生活方式、私人財產、宗教信仰、合法權益不受侵犯，就都已經不受侵犯，反而是統一後有許多不確定性，若是沒有更大的誘因，台灣民眾又如何有走向統一的動力。

此種以自由主義的經濟交流與融合，進而帶動政治交流與統合的想法，在兩岸之間不適用，因此即使北京方面用力倡導，其政策效果也極其有限。兩岸現在所面臨的最大問題，是主權問題所衍生出來的認同問題，若是中華民國在國際上某種程度被承認，或起碼能不被否認，讓在台灣的「中國人認同」有生存發展空間，才有利於統一。否則一旦兩岸的認同問題被激化，則「和平統一」斷無可能會實現，兩岸也只剩武力統一的途徑了。2024年8月台灣藝人林依晨因說了「我是成都人」，引發台灣網路鄉民的抵制；同時間大陸饒舌歌手王以太被發現以「下一站：中國台北」照片進行宣傳，被台灣陸委會據拒絕入境，4個月前大陸獨立搖滾樂團「回春丹」因在大陸微博上發文稱要到「中國台灣」演出，也遭台灣主辦方取消邀請。[43]凡此都說明認同問題正在被激化，和平統一還有可能實現嗎？

---

[43] 王欽，政治正確的文字遊戲，**中時新聞網**，2024年8月31日，https://www.chinatimes.com/opinion/20240831002999-262104?chdtv。上網日期：2024年9月1日。

第四章
台灣無意兩岸「和平統一」

台灣無意兩岸「和平統一」的主要原因也有三，一是不統或維持現狀已是台灣政治正確的思維，二是國際空間打壓引發台灣民眾反感，難以與打壓者走在一起，三是經濟利益無法增加認同感。以上原因使得台灣民眾要追求兩岸「和平統一」的可能性幾乎是零。

第一節　不統思維是政治正確

不像其他國家的政黨是以自由或保守來區分，如美國的民主黨與共和黨，或以社會主義為主的左派及資本主義為主的右派來區分，如英國的工黨與保守黨，台灣是以全世界罕見的統獨來區分政黨的屬性。從早期一黨獨大的國民黨是以傾向統一為主的政黨，1988年成立的民進黨則是希望能建立一個新而獨立國家的政黨，但承認目前正名是中華民國。至於國民黨分裂出來的於1993

年成立的新黨[1]及2000年成立的親民黨，[2]都曾在立法院攻佔許多席次，其立場可謂是比國民黨更傾向統一的政黨。其他新興政黨有黨員當選立法委員的，如台灣團結聯盟（台聯黨）、時代力量，台灣基進，以及民眾黨。

台聯黨是2000年李登輝離開國民黨後，由其親信所成立，尊稱李登輝為精神領袖，該黨比民進黨更偏向獨立，因黨綱明示：「台海兩岸關係之現狀，為台灣與中華人民共和國並存於世界，是任何人無法否認的歷史事實與客觀現實。」[3]儼然是將台灣與中華人民共和國併列，說明其立場比民進更偏向獨立。至於在2014年太陽學運的隔年2015年成立的時代力量，主張透過由下而上的草根力量，人民全面參與制定、一起構築國家的基本大法，一部保障台灣的國家正常地位、捍衛人民基本權利、彰顯進步價值的新憲法。[4]欲藉制憲來推動台灣國家正常化，立場同樣比民進黨激進，但是較台聯黨已認定台灣就主權獨立國家，國名就是台灣又稍微緩和。2016年成立的基進黨(2018年改名為台灣基

---

[1] 內政部，新黨，政黨資訊網，https://party.moi.gov.tw/PartyMainContent.aspx?n=16100 &sms=13073&s=133。上網日期：2024年8月19日。

[2] 親民黨，簡介，親民黨官網，https://www.pfp.org.tw/tw/AboutUs04/ugC_Company.asp? hidSinglePageID=1。上網日期：2024年8月19日。

[3] 台灣團結聯盟，黨綱，台聯黨官網，https://www.tsu.org.tw/。上網日期：2024年8月19日。

[4] 時代力量，簡介，時代力量官網，https://www.newpowerparty.tw/about。上網日期：2024年8月19日。

進)，認為「台灣就是台灣人的國家。主權絕不是中國說的算，也無須要『統獨公投』決定。」[5]不只是主張台灣是台灣人的台灣，還向中國大陸嗆聲，其立場自然比台聯黨更靠近極獨。

　　至於2019年成立的民眾黨，核心理念為：「我們有不同的過去，但我們有共同的現在，希望能走向共同的未來，我們希望能夠終止藍綠惡鬥、化解族群對立，從包容、融合，最後才能光榮，先『共容、共融』，最後才能『共榮』」。[6]既然在政治立場終止藍綠惡鬥，自然在統獨立場要處在中間，否則怎能達到終止藍綠惡鬥的目標。以2024年8位不分區立法委員為例，黃珊珊是統獨立場偏統的親民黨背景出身，黃國昌曾經擔任過立場偏獨的時代力量黨主席，陳昭姿曾任一邊一國行動黨發言人，台獨立場不言可喻，他們卻都能夠在立法院針對法案採取一致的投票行為，確實已經發揮超越藍綠的效果。更何況民眾黨主席柯文哲自稱曾是墨綠，在台北市長任內為了推動台北與上海雙城論壇，也接受「兩岸一家親」的說法，本身就有超越藍綠的條件。[7]（台

---

[5] 台灣基進，關於我們，**台灣基進官網**，https://statebuilding.tw/about/。上網日期：2024年8月19日。

[6] 民眾黨，核心理念，**民眾黨官網**，https://www.tpp.org.tw/about。上網日期：2024年8月19日。

[7] 梁珮綺、繆宗翰，兩岸一家親被標籤化　柯文哲：應創造新名詞，**中央社**，2018年12月20日，https://www.cna.com.tw/news/firstnews/201812200110.aspx。上網日期：2024年8月19日。

灣主要政黨的統獨光譜如表4-1）

表4-1　台灣主要政黨的統獨光譜

| 新黨 | 親民黨 | 國民黨 | 民眾黨 | 民進黨 | 時代力量 | 台聯黨 | 基進黨 |

← 統一　獨立 →

資料來源：作者製表

　　值得注意是，曾經在立法院叱咤風雲一時且支持兩岸統一的新黨與親民黨，現在在立法院已經沒有任何席次，不再具有舉足輕重的政治影響力，這對於兩岸「和平統一」當然不利。相反地，許多新興的政黨都是以傾向獨立而聞名，包括時代力量與台灣基進。眾所週知的是，時代力量是在反對兩岸服貿所引發的太陽花學運後成立，雖然因為涉及貪污及要維持政黨自主性而出現路線爭議，內耗結果使該黨的政治影響力退化，不過在2024年的大選中，仍囊括不分區立委選舉2.57%的政黨票，站穩第四大政黨的地位[8]。這說明在台灣傾向獨立之政黨的政治影響力仍然高於傾向統一立場之政黨。

---

[8] 總統不分區立委分裂投票　藍綠白政黨票增小黨團滅，**中央社**，2024年1月14日，https://www.cna.com.tw/news/aipl/202401140010.aspx。上網日期：2024年8月20日。

有極獨主張的台灣基進，雖然在取得一席立委後又被罷免，政治影響力小挫，但是只靠「台灣就是台灣人的國家，主權絕不是中國說的算」的口號，就能打敗在台中長期經營且競選連任的國民黨立委顏寬恆，說明在台灣挺獨力量不能小看。更何況台灣基進立委被罷免後所進行的補選，是由民進黨內主張台獨立場較為鮮明的林靜儀當選，[9]也意味著挺台獨的政治影響力愈來愈高。台灣基進雖然在2024年立法委員選舉中鎩羽而歸，但是仍取得不分區立委選舉0.69%的政黨票，勝過親民黨得票率的0.51%、新黨得票率的0.29%，[10]台聯黨的政黨票的得票率0.31，[11]也比新黨的得票率高，支持偏統與偏獨力量的消長，由此可見一斑。

　　在2016年前台灣除了國民黨與民進黨之外的第三勢力，不是新黨，就是親民黨，立場偏向統一自不在話下，即使同樣在立法院有席次且立場偏獨的台聯黨或已經解散的建國黨，其影響力

---

[9] 林靜儀曾表示，「中國與台灣是兩個完全不同的國家」，更直言現階段在台灣支持統一是「叛國」，請參見王子瑄，台獨風暴／《德國之聲》專訪　蔡陣營發言人林靜儀：支持統一就是叛國，**中時新聞網**，2020年1月3日，https://www.chinatimes.com/realtimenews/20200103001928-260407?chdtv。上網日期：2024年8月20日。

[10] 總統不分區立委分裂投票　藍綠白政黨票增小黨團減。

[11] 范正祥，接棒台聯黨主席　周倪安：努力爭取更多年輕人支持，中央社，2024年4月25日，https://www.cna.com.tw/news/aipl/202404250286.aspx。上網日期：2024年8月20日。

仍然不及全盛時期的第三勢力親民黨。然而2014年反兩岸服貿之太陽花學運隔兩年的立委選舉，實是偏統與偏獨政黨實力消長的轉捩點。不論是時代力量或者是台灣基進都是以支持台獨立場著稱，第三勢力由過去之偏統立場的政黨所主導，現在完全由偏獨立場的政黨所主導。時代力量、台灣基進或台聯黨即使政治實力較前弱化，取而代之的第三勢力民眾黨，其主要成員的立場偏獨的居多。換言之，國民黨已經成為唯一還算是支持統一的力量，但是因為主張「一中各表」的「九二共識」被對岸否決之後，在台灣若想執政，且能兼顧為統一發聲的難度就愈來愈高。

國民黨既然支持統一，在2008年重新取得中央執政權後，理應恢復被前總統陳水扁終止適用的「國統會」與「國統綱領」才是。不過時任總統府發言人王郁琦針對媒體報導恢復「國統會」的消息表示：「馬英九總統已經明確表達『不統、不獨、不武』是當前兩岸政策的指導方針，不會因為兩岸關係的改善而有所改變。」[12]馬英九將「不統」當成是政策方針，任內當然就不會將統一當成施政目標，若不是顧及台灣內部的政治現實，又豈會如此？誠如蘇進強所言：「目前阻礙台灣恢復『國統綱領』的最大

---

[12] 台灣總統府指恢復國統會報導傳言，美國之音中文，2008年7月6日，https://www.voachinese.com/a/a-21-w2008-07-06-voa34-63086757/1049445.html。上網日期：2024年8月21日。

障礙就『在馬英九的一念之間』，馬英九不敢做的原因是因為他民調太低了。如果馬英九和國民黨在執政期間內，民調支持率如果一直不見起色，兩岸的政治互信或者軍事互信同樣也『起不來』，可謂『水落船低』。」[13]可見當北京否認「九二共識」是「一中各表」，試問國民黨要如何說明只要接受「九二共識」，中華民國就有國際空間呢？

當「九二共識」被北京窄化為只有「一個中國原則」，而沒有「各自表述一中」的空間，再加上民進黨政府將「九二共識」等同於「一國兩制」，在台灣認同意識愈來愈強烈的情況下，使得想要重新取得執政權的國民黨，在論述「九二共識」的態度上，理不直氣不壯豈非正常？國民黨主席朱立倫2022年6月訪美期間在美華府智庫演說時表示：「『九二共識』是兩方的建設性、創造性模糊，是『沒有共識的共識』（Non-Consensus Consensus），國民黨期望擱置衝突，向前邁進。」[14]朱立倫讓九二共識模糊化，當然也引發了國民黨內不同的聲音！

針對國民黨兩岸路線，前主席洪秀柱表示：「現在國民黨最

---

[13] 蘇進強，恢復國統綱領就在馬英九一念之間，**台灣中評網**，2013年9月16日，http://www.crntt.tw/crn-webapp/doc/docDetailCreate.jsp?coluid=247&kindid=14041&docid=102571653&page=2&mdate=0919130654。上網日期：2024年8月21日。

[14] 江今葉，談九二共識，朱立倫:沒有共識的共識，**中央社**，2022年6月7日，https://www.cna.com.tw/news/aipl/202206070013.aspx。上網日期：2024年8月21日。

大問題就是不敢講統一,不敢講的原因就是因為選票考量,但也因此失去自己政黨的核心價值,失去了話語權、自身立場,隨波逐流,難怪被人家罵變成了小綠」、「不要忘了30、40年前統一是主流,是國民黨自己把東西丟掉,被民進黨搶走話語權,而且不斷的混淆視聽,用錯誤的謬論來迷惑民眾,國民黨對自己的立場跟政策都不清楚,所以就沒有膽子、沒有自信去說服人家,一直不講的結果就是往後退到今天這地步。」[15]

洪秀柱是不再參與選舉的人,當然可以勇敢地說出其理念,然而說服的過程是雙向的,難免要顧及選民的意向,不是單向傳達理念即可,否則民進黨為何要用《台灣前途決議文》來取代《台獨黨綱》呢?當愈來愈多台灣人傾向維持狀,甚至永遠維持現狀,試問高舉統一旗幟的政黨要如何贏得支持呢?根據國立政治大學選舉研究中心2024年公布的民調,在維持現狀偏向統一(6.2%)、維持現狀偏向獨立(21.5%)、維持現狀再決定(27.9%)、永遠維持現狀(33.2%)的四類維持現狀選項當中,民眾最支持「永遠維持現狀」,其支持度從30年前的9.8%提升至如今的33.2%,超越過去多年以來一直穩居榜首的「維持

---

[15] 張嘉文,洪秀柱:國民黨避談統一難怪被罵是小綠,中評社,2021年5月3日,https://hk.crntt.com/doc/1060/7/4/4/106074462.html?coluid=27&kindid=0&docid=106074462&mdate=0503095349。上網日期:2024年8月21日。

現狀再決定」。[16]

更何況台灣民意基金會調查顯示，6成7台灣人不贊成兩岸是「命運共同體」，6年來贊成者減少6.7個百分點，若以一個百分點為19.5萬成人計算，約減少130萬人，意味「兩岸命運共同體意識」在台灣持續消退中；另外，7成7不贊成「祖國終極統一」的主張，僅1成3贊成。[17]這樣的民意調查數字，對於想要勝選的政黨，又豈能無視於其中的變化？或許過去統一確實是主流，這也是為何主張統一的新黨與親民黨能在立法院叱咤風雲一時，可是如今呢？答案還不明顯嗎？

王宏恩對民眾最支持「永遠維持現狀」的分析是，從2008年至2024年，無論是國民黨或民進黨執政，都無法帶領台灣跳脫「維持現狀」之外的方向，讓部分民眾開始以相對消極或被動的態度應對統獨問題，覺得現狀就是不會改變；另國際局勢動盪也牽動民眾情緒，如2019年的香港反送中運動、2020年中國大陸嚴厲的疫情清零政策、共機近年來頻繁擾台等事件，讓台灣民眾對中國大陸觀感不佳，而烏俄戰爭更是讓民眾產生戰事可能也會在

---

[16] 為何台灣愈來愈多人想「永遠維持現狀」？**天下雜誌**，2024年5月14日，https://www.cw.com.tw/article/5130390。上網日期：2024年8月21日。

[17] 黃婉婷，民調／6成7國人不認兩岸是命運共同體　7成7反統一，**聯合新聞網**，2024年8月26日，https://udn.com/news/story/7331/8185525。上網日期：2024年8月27日。

台灣爆發的「亡國感」，維持現狀，甚至永遠維持現狀，就成了最適合的選項。[18] 既然不統已然成為台灣政治正確的選擇，試問有那個政黨會輕易挑戰呢，儘管永遠維持現狀不容易達成，畢竟中國大陸的國家實力在不斷增長，台灣要維持現狀的難度也愈來愈高！不過既然改變不易，只能過一天算一天地維持現狀了！

第二節　國際空間打壓引發反感

　　2024年巴黎奧運羽球雙打選手「麟洋配」四強對上丹麥組合時，場邊台灣球迷高舉寫著「Taiwan」（台灣）的綠色毛巾，被現場工作人員收走；另一位台灣觀眾拿著形狀是台灣本島的綠色海報，上面用中文寫「台灣加油」，也被工作人員要求解釋海報內容，後來一名身穿粉紅色上衣的男子搶走海報並破壞。[19] 消息傳回台灣又引起一陣輿論譁然，毛巾製造商表示：「這款毛巾是在東京奧運，為了麟洋，拿到金牌時所設計的，那它上面也只有台灣的字樣，我相信觀眾帶進去，也只是希望為台灣的選手加油，並沒有什麼政治的意圖，那就是因為上面有台灣的文字，就

---

[18] Ibid.
[19] 「台灣加油」成為巴黎奧運觀眾席上「違禁標語」的遠因與近況，BBC，2024年8月8日，https://www.bbc.com/zhongwen/trad/chinese-news-69217342。上網日期：2024年8月21。

強行沒收帶走,真的讓人滿不開心。」[20]

　　台灣政治大學法律學系副教授林佳和分析,這次巴黎奧運被沒收的「台灣加油」海報、Taiwan毛巾,並不是奧林匹克憲章中禁止的「政治宣傳」,因此他認為巴黎奧運工作人員有執法過當之嫌。[21]香港大學歷史系教授徐國琦則認為,這次爭議是因為「台灣」這個字眼本身就會被視為政治敏感,可能有些台灣人認為洛桑協議不公平、不對等,但它就是當時同意且行之有年的協議,在奧運會場上,就只能是「中華台北」。[22]不論巴黎奧運工作人員有無執法過當,或者台灣人認為洛桑協議不公平,最終都會把氣出在北京身上,再加上那位取走台灣加油海報的男子是大陸人,就更讓台灣人對北京有反感,又如何有利於創造「和平統一」的環境與條件?

　　賴清德也對此爭議表示,雖然國際奧會有其相關規定,但我們選手在賽場上的精湛表現,全世界都會知道他們來自台灣;賴清德另指出,幕僚給他看一則貼文,提到多年前曾經有藝術家代表我國前往國際參展,但因為「中國」的抗議,場館名稱從「台

---

[20] 孫宇莉、楊莅惇,挺「麟洋」Taiwan In毛巾被沒收　製造商:送你新的,**華視新聞**,2024年8月3日,https://news.cts.com.tw/cts/sports/202408/202408032358940.html Ibid.。上網日期:2024年8月21。
[21] Ibid.
[22] 「台灣加油」成為巴黎奧運觀眾席上「違禁標語」的遠因與近況。

灣館」改為「台北館」；參展藝術家向主辦單位提出抗議，也引起其他各國藝術家的聲援，包括奧地利、加拿大、波多黎各等6個國家，分別捐出一個字母，拼湊成「TAIWAN」的字樣，讓「台灣」重現在展覽現場；無論是場邊的加油聲，或是實際行動的支持，都讓我們更加堅信，只要我們團結一致，無畏無懼，就能獲得世界的認同，連世界都會為我們發聲，一起把我們的名字一字一字拼回來。[23]賴清德此番談話，無異又加深了與中國認同區隔的台灣認同的意象，這當然不利於兩岸「和平統一」，而其根源實際上就是北京在國際社會打壓中華民國國際生存空間的結果。

2025年世界博覽會將在日本大阪舉行，然而台灣分4年編列新台幣20億元參加，卻只能以「玉山數位科技株式會社」名義參加，被在野黨立委質疑台灣被消失。前行政院長蘇貞昌對此表示，台灣無時無刻不是在爭取以台灣名義讓世界看見，但台灣的國際處境艱難，備受「中國」無理打壓，也是國人都非常清楚的事，面對這種向外爭取、向外拓展，無論在朝在野，大家應該團結一致，齊心努力，開拓更大的空間。[24]

---

[23] 周佑政，巴黎奧運／球迷拿台灣標語加油遭搶 賴總統：令人遺憾，聯合報，2024年8月3日，https://udn.com/news/story/124095/8138354。上網日期：2024年8月21。
[24] 台無法「正名」參加大阪世博 蘇貞昌：中國打壓艱難拓空間，自由亞洲電台，2022年11月2日，https://www.rfa.org/cantonese/news/htm/tw-fair-11042022061825.html。上網日期：2024年8月22。

三三企業交流會理事長林伯豐則認為，日本與美、韓軍演，不願意得罪中國大陸，不論中方有沒有明示，日本就是配合壓制台灣，因此，台灣需持續爭取以台灣名義參與，若爭取不到，就不應參加，否則將限縮台灣國際空間。」[25]官方或民間都認為大阪世博會未能有台灣館，是中國大陸打壓或者是日本配合壓制的結果，不論是何種原因，都會讓台灣有委屈的感覺，試問台灣在此種情況下，又如何能樂於與打壓自己的人走在一起？

　　兩岸之間的外交矛盾曾於2020年在太平洋島國斐濟爆發，雙方外交官發生了肢體衝突，並互相指責對方動手。中國大陸和台灣都表示，各自的官員在打鬥中受傷，並要求斐濟警方進行調查，該事件在台灣引發巨大憤慨，各黨派都發聲譴責中國大陸的戰狼外交。[26]台北方面的說法是，衝突發生當時台灣駐斐濟商務辦事處在斐濟首都蘇瓦的太平洋酒店舉行慶祝「雙十」國慶酒會，大陸駐斐濟大使館兩名館員企圖擅闖會場並且拍照搜集賓客資料，在台灣駐處人員勸阻時還暴力相向，致台方人員頭部受傷送醫，甚至還誣賴是遭台方人員攻擊。[27]

---

[25] 謝佳興，2025大阪世博會恐無「台灣」 工商團體：應設法爭取，中央廣播電台，2022年11月3日，https://www.rti.org.tw/news/view/id/2149430。上網日期：2024年8月22。

[26] 斐濟衝突：中國台灣各執一詞的外交官打鬥事件，BBC，2020年10月20日，https://www.bbc.com/zhongwen/trad/chinese-news-54613294。上網日期：2024年8月22。

[27] Ibid.

北京官方的說法則是：「當晚，台機構人員對在同一酒店公共區域正常執行公務的中國使館工作人員發起言語挑釁和肢體衝突，造成一名中國外交官身體受傷、物品受損。」中國大陸駐斐濟使館聲稱：「台灣駐斐濟商務辦事處在公共場合舉行所謂『雙十國慶日』活動嚴重違背一個中國原則，還違反了斐濟政府對台機構活動的相關規定，意在國際上製造『兩個中國』或『一中一台』局面。『中國』駐斐濟使館已就上述事件向斐方表達嚴重關切，要求斐濟警方對此事進行徹查，並依法追究台方人員責任。」[28]中國大陸外交部發言人趙立堅在例行記者會也援引駐斐濟使館的聲明，指台方「賊喊捉賊」、「台灣在斐濟根本沒有什麼所謂『外交官』」、「世界上只有一個中國。台灣是中國不可分割的一部分。一個中國原則是公認的國際關係準則和國際社會普遍共識。任何利用台灣問題挑撥中國同太平洋島國關係的圖謀都是不可能得逞的。」[29]

由於雙方各執一詞，再加上台北方面原本採取低調方式處理，據說也是配合斐濟方面的要求，因為媒體報導才被動強硬回應等情節推斷。最可能的狀況是，該飯店本來就是公共空間，任何人都可以自由出入，中國大陸駐斐濟使館人員或者是剛好在該

---
[28] Ibid.
[29] Ibid.

飯店處理公務,或是過度熱心想要邀功在得知酒會消息後刻意到現場,想趁機混進酒會現場拍照,以瞭解斐濟究竟有那些官員出席酒會。一方想阻擋、一方想進入致爆發肢體衝突,這應是兩岸外交官首次在駐在國發生肢體衝突,屬意外擦槍走火事件,自然會引起雙方矚目。

這也說明當雙方關係愈來愈緊張時,過去原有互不干擾的默契也被打破了。連一向主張和中的前總統馬英九也譴責暴力,表示辦「雙十」活動和「一中」原則無關,「因為我們的一中原則就是一中各表」,並認為,台灣辦活動,先動手的可能性不大。[30]民進黨發言人謝佩芬對此更指出:「中國外交官的舉動顯示,中國的戰狼外交實際上是流氓外交,中國的軍事恫嚇與外交挑釁,只會讓台灣人民更加反感,讓兩岸關係越行越遠!」儘管這是起意外擦槍走火事件,但是卻引發台灣朝野政黨的共同譴責,且勢必會讓台灣人民對中國大陸更加反感,試問如此又怎麼奢望有機會創造兩岸「和平統一」的條件呢?

自2017年起,台灣未能參加世界衛生大會(WHA),主要原因是北京的阻撓,台灣曾在2009年至2016年間以「中華台北」的觀察員名義參加,但隨著兩岸關係的惡化,北京加強了

---

[30] Ibid.

對台灣參與國際組織的打壓。這在平時也就罷了，在Covid-19疫情期間，未能參與世衛組織（WHO）就影響台灣醫療人權的問題。[31]WHO助理總幹事布魯斯‧艾爾沃德（Bruce Aylward）在2020年3月28日被問及WHO世衛是否重新考慮接納台灣時，停頓幾秒後聲稱「聽不到問題」，記者表示願意重覆問題，但他卻表示：「問別的問題吧！」這段影片在台灣引發高度關注，媒體報導稱「世衛官員裝聾避談台灣議題」，國際上甚至有質疑世衛組織「根本屬於中國」的聲音。[32]

中國大陸代表李強2020年2月3日世衛總部日內瓦召開執行委員會議強調「北京通過正常渠道多次且及時與台灣溝通疫情，所謂的不讓台灣參加世衛大會將導致國際防疫體系出現缺口，是台灣當局圖謀參與世衛大會而編織的謊言和藉口」。「台灣醫界聯盟基金會全球衛生研究中心」執行長林世嘉則表示，台灣加入世衛是基於醫療人權的考慮，並舉例，1998年腸病毒流感肆虐台灣，台灣因為不是世衛會員，而沒有被及時通報疫情，也難與世衛組織會員國合作防疫，造成許多嬰孩喪命；2003年SARS病毒（SARS）肆虐期間也有類似問題。[33]未來可能流行全球的傳

---

[31] 肺炎疫情：世衛組織避談台灣抗疫經驗引爭議，BBC，2020年3月30日 https://www.bbc.com/zhongwen/trad/chinese-news-52092517。上網日期：2024年8月23日。
[32] Ibid.
[33] Ibid.

染病不會少，台灣的醫療人權若持續因為WHO受限於「一中原則」而未能得到應有的照顧，這股氣同樣會出在北京身上，對於兩岸「和平統一」肯定會造成負面效果。

2018年4月中國大陸民航局，要求各國航空公司把官網上的「台灣」改成「中國台灣」，在陸方強硬施壓下，原本堅不改名的3家美國航空公司最終妥協，美國航空、達美航空和聯合航空先後更改官網上有關「台灣」的標示，改成「台北」為飛航目的地；香港國泰航空也把「台灣」改稱「中國台灣」。[34]對此陸委會批評，陸方用政治力粗暴干預之蠻橫作為，已對兩岸及台港澳關係發展造成不利影響，更將加深國際社會對中國大陸的負面觀感，除要求相關航空公司改正，呼籲國際社會應共同正視及反制中國大陸蠻橫作為，勿讓霸權的恫嚇與威脅，一步步侵蝕自由、民主等共享價值。[35]陸委會另強調，中華民國是主權國家，中國大陸打壓我國際空間的任何低劣伎倆，都不會改變此一客觀事實；政府將持續致力捍衛我國家尊嚴，也呼籲中國大陸勿一錯再錯，加深兩岸人民情感裂痕。[36]北京方面在反獨方面對台北步步

---

[34] 蔡浩祥，航空公司改名遭北京「剃光頭」　陸委會批霸權，ETtoday新聞雲，2018年07月25日，https://www.ettoday.net/news/20180725/1220493.htm#ixzz8jzeTs055。上網日期：2024年8月23日。

[35] Ibid.

[36] Ibid.

進逼,真的有助於促進兩岸「和平統一」嗎?只要觀察兩岸的政治距離愈來愈進,還是愈來愈遠,就知道答案了!

第三節　經濟利益無法增進認同感

對台釋出各項經濟利益,是中國大陸實現兩岸和統一政策目標的促統策略。兩岸2010年簽訂經濟合作框架協議(ECFA),是其中重要的組成部分,若是後續的服務貿易、貨品貿易及爭端解決機制都能簽訂並實施,當然會有利於兩岸經濟整合,進而為政治整合鋪路,然而因為認同問題沒解決,使得2013年簽署的服務貿易不但在立法院卡關,甚至影響原本兩岸ECFA的運作。

根據統計,ECFA在2010年9月12日生效,2011年元月中國大陸開始對早收清單產品進行關稅減免,我方列入清單有石化塑膠、運輸、機械、紡織、農漁業共539項,陸方較少為267項;依據財政部關務署2011年起至2023年底的統計,台灣出口到大陸產品累積減稅金額約破100億。反之,大陸進口台灣產品,累積獲得10.17億關稅減免,如以近兩年每年約1億左右來看,累計13年總減免金額最多11億,兩邊關稅讓利差距9倍以上。[37]由此可

---

[37] 王玉樹,ECFA上路13年　台獲關稅減免將高達百億元,旺報,2023年8月21日,https://www.ctwant.com/article/277974/。上網日期:2024年8月23日。

見，我方自ECFA早收清單受惠不少，以石化橡膠減稅最多，其次為機械設備、紡織產業，儘管每年關稅減免金額雖不算大，但確實對部分傳統產業的競爭力有提升效果。[38]中經院區域發展研究中心主任劉大年指出，早收清單石化、機械、紡織、汽車零組件業等都是較大受益者；如果停掉，對我方衝擊自然較大，畢竟我們出口到大陸產值多。[39]

由於中國大陸對ECFA早收清單明顯是對台讓利，主要目的當然是希望能藉此縮短兩岸政治距離，若無法達成目標，針對早收清單進行政治操作，也不意外。中國大陸商務部於2023年年4月12日，決定就台灣制定並正在實施的禁止進口大陸產品的相關措施進行貿易壁壘調查，並將調查項目進一步擴大至2,509項產品，且於10月9日宣布，決定將該調查的期限延長3個月，調查截止日期為2024年1月12日，為台灣2024總統大選投票日前一天。[40]由此可見，中國大陸以貿易壁壘調查進行政治操作的意圖明顯。

或許是因為擔心在總統大選投票日前一天公布調查結果，反

---

[38] Ibid.
[39] Ibid.
[40] 陳政錄，陸宣布台灣構成「貿易壁壘」 國台辦：民進黨違反ECFA，中時新聞網 2023年12月15日，https://udn.com/news/story/123466/7642655。上網日期：2024年8月23。

而會引發台灣民眾反感，進而將票投給支持獨立的民進黨總統候選人，不利兩岸良性互動，因此在大陸商務部提前於2023年12月15日公告，根據調查結果及大陸《對外貿易壁壘調查規則》第三十一條規定，認定台灣地區對大陸貿易限制措施存在《對外貿易壁壘調查規則》第三條所規定的情形，構成「貿易壁壘」。[41]國台辦發言人朱鳳蓮同日對此表示，調查顯示民進黨當局單方面限制大量大陸產品輸入，且禁止進口大陸產品範圍近年來呈現擴大趨勢，截至2023年11月底共對大陸2509項產品禁止進口，根據相關規定對台貿易壁壘調查最終調查結論為構成貿易壁壘。[42]

朱鳳蓮另表示，民進黨當局對大陸採取貿易限制措施，不符合《海峽兩岸經濟合作框架協議》(ECFA)關於推動兩岸經濟關係正常化、制度化及自由化的要求，違反ECFA有關「逐步減少或取消雙方之間實質多數貨物貿易的關稅和非關稅壁壘」條款，損害了大陸相關產業和企業利益，同時也損害了台灣消費者利益，支持相關主管部門結合對台貿易壁壘調查最終調查結論，依據相關規定研究採取相應的措施。[43]由於中國大陸調查結束後未同步公布取消關稅優惠清單，被視為是試圖影響選舉結果，待選

---

[41] Ibid.
[42] Ibid.
[43] Ibid.

舉結果出爐後再決定下一步措施。[44]

果不其然，當民進黨籍的總統賴清德於2024年5月20日就任後，大陸財政部隨即於5月31日宣布，將對原產於台灣的潤滑油基礎油等134個稅目進口產品，中止適用ECFA協定稅率，這是繼2023年12月21日大陸宣布中止ECFA項下丙烯等12個稅目產品關稅減讓後，再次因為政治原因中止相關產品的優惠關稅。[45]中國大陸國台辦發言人陳陳斌華聲稱，2023年12月21日大陸宣布中止ECFA項下丙烯等12個稅目產品關稅減讓後，民進黨當局不僅未採取任何措施取消對大陸的貿易限制，還不斷變本加厲，阻撓破壞兩岸經濟正常交流合作，國台辦支持相關主管部門採取進一步中止ECFA部分產品關稅減讓的措施。[46]

陳斌華也指出，ECFA是兩岸雙方在「九二共識」的共同政治基礎上簽署的，實施中如產生問題可通過兩岸協商予以妥善解決；但賴清德當局頑固堅持「台獨」立場，拒不承認「九二共識」，大肆宣揚「台獨」分裂謬論，煽動兩岸對立對抗和經

---

[44] 邱國強，中國貿易壁壘認定下一步　陸學者：涉及台灣政局演變結果，**中央社**，2023年12月15日，https://www.cna.com.tw/news/acn/202312150215.aspx。上網日期：2024年8月23日。

[45] 陳冠宇，國台辦曝陸中止部分ECFA「根本原因」：賴清德持台獨立場不認九二共識，**旺報**，2024年5月31日，https://www.chinatimes.com/realtimenews/20240531001479-260409?chdtv。上網日期：2024年8月23日。

[46] Ibid.

濟「脫鉤斷鏈」，嚴重破壞兩岸協商和ECFA實施的基礎，是大陸有關部門不得不進一步中止ECFA部分產品關稅減讓的根本原因。[47] 把經貿往來與政治議題掛鉤地如此明顯，也說明經濟利益似乎未對台灣選民投票意向產生太大效果，試問四年後還要再來一次嗎？台灣固然未在貿易往來上對中國大陸採取對等措施，北京確實可採取反制措施，但是將經貿議題背後的政治目的如此赤裸裸地表達出來，難保不會讓台灣百姓產生反感，試問要如何能達到「促統」效果？

在宣布禁止後又開放台灣農漁產品的操作模式亦復如此，中國大陸海關總署2021年9月18日下發通知稱，由於多次從台灣地區輸入大陸的釋迦和蓮霧中檢出檢疫性有害生物大洋臀紋粉蚧，從9月20日起暫停上述兩種水果的進口；這已經是2021年北京第二次決定對台灣水果暫緩進口，同年2月，大陸海關總署同樣以檢疫為由，決定暫緩對台灣鳳梨的輸入。[48] 由於釋迦出口至大陸佔外銷比率95%；蓮霧外銷幾乎全部是輸往入大陸；先前被禁的鳳梨銷往大陸佔出口市場中比達到90%，佔外銷比率都非常高，自然會引發台灣農委會的反彈，認為大陸的做法不符合國際貿易

---

[47] Ibid.
[48] 中國暫停進口台灣產蓮霧和釋迦，兩岸水果戰再起，BBC，2021年9月20日 https://www.bbc.com/zhongwen/trad/chinese-news-58623956。上網日期：2024年8月23日。

規範，不排除正式向世貿組織提出爭端解決控訴，使禁令早日被取消。[49]蔡英文對此批評中國大陸刻意進行「政治干預」，同時呼籲朝野「一致對外」，把北京對市場造成的衝擊降至最低。[50]由於北京對於台灣農產品有檢疫問題不是立即要求改善，而是剛開始採睜一眼閉一眼，在特定時日才反應，被台灣視為政治干預可謂是一點不意外。只是原本想要以經促政，反而變成以經害政，能說不是政策失準嗎？

2023年6月20日中國大陸國台辦宣布，重啟台灣鳳梨釋迦進口，雖然僅限3家包裝場、25座果園以及14位農民，卻是近3年中國大陸發布一波波對台農產品禁令後，唯一可望重返對岸的水果。時任農委會主委（後改為農業部長）陳吉仲對此批評台東縣長饒慶鈴「配合中國起舞」；陸委會也回應，這是中方利用經濟利益對台進行分化及統戰。[51]一時之間，鳳梨釋迦儼然成為台灣內政與兩岸鬥爭的政治角力場，曾經大紅大紫十多年的水果，如今註定是撕不下政治標籤。[52]

大陸促統最鮮明的案例，莫過於台南學甲的虱目魚契作。

---

[49] Ibid.
[50] Ibid.
[51] 蔡立勳，遭中國禁638天後開放，鳳梨釋迦回不去出口盛況　背後原因不只一隻蟲，天下雜誌，2023年8月8日，https://www.cw.com.tw/article/5126860。上網日期：2024年8月23日。
[52] Ibid.

台南市虱目魚養殖協會理事長王文宗在2010年兩岸簽署ECFA的隔年和上海水產簽約，展開五年契作，第一年以每台斤45元，向100戶漁民收購300萬斤虱目魚，引起全台矚目，由於收購價較魚販高十幾元，甚至讓人懷疑這是否為中國大陸收買漁民的統戰技倆，而參加契作的漁民還會被人指為是抱「阿共」大腿！[53]從第二年起，漁民卻是搶著登記契作，王文宗只好安排領有重大傷病卡、中低收入、經濟較差的漁民和返鄉青年優先契作，五年內倍增到208戶。[54]

　　由於民代、名嘴刻意抹紅漁民，負責收購的上海水產、海魁水產集團，只好降低收購價緩和輿論壓力，再加上上海市民其實不習慣虱目魚的口味，以及寒害導致魚苗價格上漲，大陸卻不願增加收購成本，使得甲虱目魚契作計畫五年約一滿，大陸就暫時喊卡，也為兩岸農業貿易增添詭譎的政治氣氛。[55]由於台灣正值2016年政黨輪替期間，大陸暫停契作，難免會被視為有政治考量。其實早在2013年契作就已經出現困境，上海要調整價格，每斤價格從45元降到40元，或是依照台灣價再加2元，王文宗對此不知要如何向農民開口，事實上看似穩賺不賠的生意，早讓王文宗虧損累累，而對岸

---

[53] 黃漢華，虱目魚契作喊卡，農業合作難持續，**遠見雜誌**，2016年4月28日，https://www.gvm.com.tw/article/21817。上網日期：2024年8月23日。
[54] Ibid
[55] Ibid

的上海水產,也做虧損準備,希望第五年達到損益平衡。[56]

　　契作虧損的原因除了上海人對虱目魚很陌生,也不喜歡吃冷凍的虱目魚,對虱目魚肚的接受度也不高;雙方檢討過後,隔年即降低全魚進口大陸量為四分之一,其他全改為加工的魚丸、魚鬆;上海水產公司專案負責人蕭衛平表示,現在全魚都運到東北、西藏、內蒙等內地去了;沒有市場支撐,讓兩岸業主都撐得辛苦。[57]若非國台辦繼續擴大與台灣漁民合作虱目魚契約養殖量,並增加對台的農業契作,讓台灣中南部農漁民經濟「有感」,否則不會撐5年。[58]由此可見,市場的真實考驗,從來就不是此種契作最重要的考量,然而當其背後的政治目的看不出來任何實現的可能性,倒不如將資源投入更可見效的地方,自然就得暫時喊卡。只是再多的經濟讓利,若是不能針對滿足台灣人認同的需要而發動,反而會加深兩岸間的不信任感,實在看不出來對於和平統一有任何助益。

---

[56] 林倖妃,虱目魚契作　看中國臉色苦撐,天下雜誌,2013年3月20日,https://www.cw.com.tw/article/5047873。上網日期:2024年8月23日。
[57] Ibid
[58] Ibid

第五章
結論

　　本書開始時提了一個問題,「和平統一」不可能實現嗎?經過前述的分析,本書發現答案是肯定的可能性愈來愈高。主要原因當然涉及美國因素、中國大陸因素及台灣本身的因素,導致「和平統一」幾乎不可能實現。

第一節　兩岸「和平統一」無實現條件

　　當中國大陸在2010年成為全球第二大經濟體體後,受到現實主義之霸權競爭與文明衝突思維影響的美國,確保國家利益的方式,就是不讓這個第二大經濟體有機會來挑戰其霸權。因此當美國反恐戰爭在蓋達組織首腦賓拉登被擊斃後,設法延緩中國大陸的崛起又重新成為美國對外政策的重點。為達成此目的,歐巴馬政府在亞太區域經濟整合方面加入TPP,在區域安全議題上則提出「亞太再平衡」戰略,並將中國大陸定位為「未與我們價值共享的競爭者」,並以「共享的價值」來拉攏各國來圍堵中國大

陸。台灣向來與美國共享民主與自由的價值,自然也在歐巴馬政府界定的夥伴關係之內,兩岸「和平統一」將直接衝擊亞洲再平衡戰略,亦即傷害美國的國家利益,美國當然不樂見!

繼任的川普政府雖然不再以TPP作為經濟戰略來延緩中國大陸的崛起,但是卻以課徵高關稅的經貿戰,以及限制高科技產品出口的科技戰,來增加美國對中競爭的優勢。川普提出的「自由與開放的印太戰略」,除了依循傳統方針,建構美國在印太地區的交往基石,最重要的是及時針對北京破壞穩定與施壓區域盟邦的行為作出強力回應,以免損及美國利益與區域夥伴的主權。劍指中國大陸的印太戰略,打「台灣牌」具有關鍵作用,自然不會促進兩岸「和平統一」。

2021年上台的登拜政府,以競爭與敵對為主、合作為輔原則來處理美中關係,在經濟戰略上有「亞太經濟架構」,在安全戰略上則有美日印澳的「四方安全對話」與美國、英國與澳洲合組的軍事同盟AUKUS。當然不會支持兩岸「和平統一」,以增加中國大陸的競爭籌碼。「亞太經濟架構」將焦點放在貪污問題,針對清廉印象指數是亞太國家倒數第二的中國而來的目的明確。

「四方安全對話」致力於自由、開放、包容、健康、以民主價值為根基,以及不被壓制所左右,並宣誓在確認當代威脅下強化合作,針對中國大陸的意圖可謂是不言可喻。AUKUS則決

心要在亞太地區深化外交、安全與國防合作，包括與夥伴共同合作，以應付二十一世紀來自於中國大陸的挑戰。儘管拜登政府表示競爭不必然導致衝突，也希望透過外交手段減少、管理爭端，不過將中國大陸定位為隨時可能發生衝突的對手或競爭者，而非合作的朋友，當然不會在兩岸「和平統一」上開綠燈。2025年川普重返白宮，對大陸實施貿易戰與科技戰，亦應不會手軟，對兩岸「和平統一」看不出來有任何促進作用。

自從歐巴馬2012年提出亞太再平衡政策以來，本身與其繼任總統儘管分屬不同政黨，但是在經濟戰略及安全戰略上都不斷強調與盟邦合作，對中國大陸採取圍堵的政策措施，不過並未使其變弱，2012年中國大陸的GDP約佔美國的50%，2021中國大陸的GDP約佔美國的75%，2031年中國大陸的GDP有可能與美國相當，甚至超越。若非受到疫情的影響，使得中國大陸的GDP對美國的佔比退回到2019年的水準，雙方競爭的格局肯定不可同日而語。這也說明美國自歐巴馬政府以降對中國大陸實施的圍堵政策，成效未如預期！

美國的台海政策是以「台灣關係法」、「三個聯合公報」和「六項保證」為指導的「一中政策」。其中1979年的「建交公報」雖然「承認中華人民共和國是中國唯一合法政府」，但是並未同意其關於一個中國的立場，僅表達「認知到中國立場，只有

一個中國，且台灣是中國一部分」，就讓美國在解釋「一個中國」政策有許多彈性空間，並且在國會通過《與台灣關係法》來確保與台灣人民的文化、商務及其他非官方關，更為讓美國介入台海事務預留許多空間。同樣是表述「一中政策」，以前都是將美中三個聯合公報放在與台灣關係法之前，近期都是相反，再加「六項保證」，可看出美國台海政策已經出現變化。

尤其是817公報第六條明定「美國不謀求執行長期對台軍售政策，對台軍售無論在質量上還是在數量上都不會超過建交以來近年來的水平，並打算逐步減少對台軍售，在一段時間內達成最終解決方案。」很顯然已經被「六項保證」中的「未同意設定終止對台軍售的日期」所取代，美國對台軍售也成為美中關係發展最敏感議題，雙方關係隨時可能因此出現障礙。1992年美國老布希宣布軍售150架F-16軍機予台灣，創美對台軍售單筆最高金額，顯不符合在質量上或數量上都不超過以前的標準，再多的解釋恐都無法圓其說！

2018、2019年間，美國國會不斷提出各項支持台灣法案，包括已經由川普簽署生效的《臺灣旅行法》、《國防授權法》及《亞洲再保證倡議法》，以及提案未通過的《臺灣安全法》、《臺北法》、《臺灣國防評估委員會法》及《臺灣國際參與法》等法案，都對美國的「一中政策」形成挑戰。尤其是《臺灣旅行

法》明定「允許美國政府各級官員,包括內閣級國家安全官員、一般官員和其他行政部門官員前往台灣會見台灣同等級官員;也允許台灣高級官員在適當尊重其尊嚴的條件下進入美國,並會見美國官員。」這等同是雙方有官方關係,也難怪中方對此表示強烈不滿和堅決反對,敦促美方謹慎妥善處理涉台問題,避免嚴重干擾和損害美中關係。

美國衛生與公眾服務部(HHS)部長亞歷克斯・阿扎(Alex Azar)於2020年8月率領代表團訪問台灣,美國在台協會表示,這次訪問是美國派遣美國高級官員訪問台灣政策的一部分,以重申美台友誼,追求共同利益,並慶祝將美台聯繫在一起的共同價值;與威權體制相比,美國和台灣的社會和經濟擁有獨特的能力來推動醫學和科學等領域的全球進步,幫助世界應對新出現的威脅。」這明顯是在打台灣牌來牽制中國大陸,否則何需劍指威權體制,實質也在挑戰其本身的一中政策,當然不會樂見兩岸「和平統一」以壯大競爭對手!

實際上冷戰結束後有段時間,美國是樂見兩岸「和平統一」的。美國國防部長保羅・伍夫維茲曾私下表示,美國歡迎海峽兩岸「和平統一」,因為這將減輕美國在東亞的一個重大難題和負擔。喧騰一時的美國學者與退休將領發表的棄台論,若成為美國的政策,然而隨著美國接觸政策的結束以及川普和拜登總統領導

下對中戰略競爭的興起，美國現在愈來愈將台灣視為戰略資產，台灣與中國大陸的分離被認為符合美國的國家利益。

美國「一中政策」其實不乏矛盾之處，既凸顯台灣戰略地位的重要性，以及看重台灣關係法重於美中三公報，卻又認為對「一中政策」的承諾不變。歸根結底，美國「一中政策」是確保美國利益不受損的工具，現階段兩岸分離符合其利益，這也可說明為何聯合國安理會2758號再被提起，並認為未解決台灣地位歸屬的問題，如此才可讓兩岸「和平統一」沒有實現的法源基礎。美方想方設法阻止兩岸「和平統一」，自然讓兩岸「和平統一」實現的可能性降低。

北京對台政策是依循「一中原則」而展開，「一中原則」三段論在不同階段有不同的內容，其中「世界只有一個中國，台灣與大陸都是中國的一部分，中國領土主權不能分割」，較能凸顯兩岸對等的地位，只是這樣的對等地位只限於兩岸之間，而無法適用在國際社會。然而兩岸共存於國際社會，「內外有別」在遇到台灣的國際生存空間問題，就會產生矛盾。一旦台灣接受北京定義的「一中原則」，則中華民國形同消失，勢必無法在台灣找到支持力量！也導致「和平統一」的基礎難見。

1992年的香港會談，兩岸曾經達成「各自以口頭表述堅持一個中國原則」的「共識」或「諒解」，也就是「一中各表」。

然而1993年台北提出以將來「一個中國」為指向的階段性「兩個中國」政策來回應,再加上李登輝回母校美國康乃爾大學發表演說,多次強調「中華民國在台灣」,被北京視為是「公然製造兩個中個、一中一台」,使得即使日後想要以「九二共識」來化解「一中」爭議,都變得異常困難,也為兩岸「和平統一」設下不少路障。

因為兩岸缺少「一個中國各自表述」的空間,所以「兩國論」或「特殊兩個論」,自然就會成為台灣對於兩岸關係的定位。這樣的定位當然會引發北京的不快,只是北京未預見到不接受「一中各表」,就會面臨「兩個中國」的衝擊。蔡英文在2021年國慶演說中提出堅持「中華民國與中華人民共和國互不隸屬」,賴清德2024年在就職演說不僅堅持「互不隸屬」,更表示「無論是中華民國、中華民國臺灣,或是臺灣,皆是⋯⋯我們國家的名稱」,可謂是比「特殊兩國論」走得更遠。

北京希望用「一中原則」來框住台灣,不料反而讓台灣距離「一中」愈來愈遠。若是北京不改變政策取向,持續想要用僵化的「一中原則」來定位兩岸關係,兩岸的政治距離只會愈來愈遠而不是更近。當兩岸的政治距離在可預見的未來只有更遠而沒有最遠,「和平統一」的可能性自然愈來愈低。這就是北京未照顧到台灣人的認同需要,必然會面臨的結果。畢竟當中華民國在國

際上沒有空間，中華民國與一中的紐帶就會失去基礎，自然會導致「中國人認同」的弱化，相對的「台灣人認同」就會強化。這可從政治大學選研究中心的調查顯示，同時是中國人與台灣人的認同屢創新低，「台灣人認同」則是屢創新高來印證，不利兩岸「和平統一」日益明顯。

北京在推動兩岸統一有兩種策略，一為「反獨」、一為「促統」。「反獨」主要靠外交上的打壓與軍事上的恫嚇，使台灣不致在獨立路上愈走愈遠，甚至公投獨立；「促統」則是透過兩岸的經濟與文化紐帶，讓兩岸的政治距離愈來愈近，為協商統一創造條件。只是「反獨」與「促統」的效果有限，否則兩岸關係不會是當今的局面！

2016年民進黨籍的蔡英文當選總統至2024年卸任的8年間，中國大陸共挖走10個台灣的邦交國，迫使台灣必須採取斷交措施，使得台灣邦交國數目降為12個。2018年至2024年台灣總共失去了8個邦交國，外交部長甚至還被慰留因「錯不在你」。「慢走不送！」是台灣許多網民在諾魯宣布與台北再次斷交後的反應，說明北京想要用挖邦交國的方式來反獨的效應正在遞減，畢竟政府與民間對此已習以為常。這反而會增加台灣人民對北京的反感，更不利為兩岸「和平統一」創造條件。

台灣藝人周子瑜在一個南韓節目揮著青天白日滿地紅旗，被

檢舉支持台灣獨立，為了平息大陸網民的怒火而道歉。道歉影片震撼台灣，也成為壓垮國民黨總統大選選情的最後一根稻草。這就是反獨操作不當，不僅對反獨沒有幫助，反而會製造出更多的台獨。北京對少數台獨頑固分子實施懲戒，實際上是另外一種反獨不利統一的措施。國台辦公布懲戒極少數「台獨」頑固分子只有3位，到了2022、2024年變成10位，不就說明愈反獨反而愈增加「台獨」頑固分子！除非北京已經放棄「和平統一」政策方針，否則此種反獨作法，實在對創造「和平統一」的環境沒有幫助。

軍事上恫嚇是北京反獨的重要手段，不論是1996年3月的對台軍演，為了不使被認定已經向台獨偏向的李登輝連任總統，或者是2016年5月20日民進黨籍的蔡英文總統就任後，開始派遣軍機與軍艦巡航台灣海峽，甚至跨越台海中線的次數愈來愈多，讓過去兩岸相互諒解而存在台海中線幾近消失。除非北京當局真的要採取武力統一手段，否則再多的軍事演習，恐怕也無法達到反獨的預期效果。就在北京2022年8月4日抗議美國前眾院議長訪台而實施軍演後，沒想到8月5日台股卻拉出長紅，也說明軍事恫嚇的效果正在遞減當中。由此可知，若不調整「反獨」策略，「和平統一」勢必無法實現。

從早期中國大陸對台的「三通、四流」策略開始，就希望能夠透過經濟的交流與合作，進而縮短兩岸的政治距離。2010

年簽署ECFA，為兩岸經濟邁向一體化創造條件，2018年大陸頒布《關於促進兩岸經濟文化交流合作的若干措施》（俗稱31條措施），為台胞在大陸的學習、就業、創業和生活提供便利的環境和條件。2019年在原有31條的基礎上再頒布《關於進一步促進兩岸經濟文化交流合作的若干措施》（俗稱26條措施），內容涉及促進臺灣同胞在大陸的投資便利化、參與重大工程建設、享受金融服務等，這些都是北京片面採取操之在我且有利兩岸融合的措施，目的在為「和平統一」創造條件。

　　2023年大陸更發布《關於支援福建探索海峽兩岸融合發展新路建設兩岸融合發展示範區的意見》，欲借助福建在對台工作全域中具有獨特地位和作用，以之作為探索海峽兩岸融合發展新路、建設兩岸融合發展示範區，俾深化兩岸各領域融合發展，推進「和平統一」進程。大陸政協主席王滬寧對此強調：「要探索和創新兩岸融合發展新路的經驗做法，研究解決政策實施中的難點堵點問題，強化融合發展工作統籌和責任落實，讓台灣同胞分享中國式現代化發展機遇、共用祖國大陸發展進步成果。」只是北京不明白的是，此種此看重經濟卻不重視認同的作法，政策效果恐不容易凸顯。

　　除了公布及設法落實兩岸經濟與文化融合措施外，北京也開始宣揚兩岸統一的好處，例如習近平2019年在宣誓「和平統一」

的「告台灣同胞書」40周年談話中，明白表示：「『和平統一』之後，台灣將永保太平，民眾將安居樂業。有強大祖國做依靠，台灣同胞的民生福祉會更好，發展空間會更大，在國際上腰桿會更硬、底氣會更足，更加安全、更有尊嚴。」對許多台灣人而言，主權就是最大的權益。更何況台灣在國際上不能挺直腰桿，就是北京從中作梗的緣故，此等說法對台灣人民而言，可能產生不了作用，對於實現兩岸「和平統一」沒有幫助。

不像其他國家的政黨是以自由或保守來區分屬性，或以社會主義為主的左派及資本主義為主的右派來區分屬性，台灣是以全世界罕見的統獨來區分政黨的屬性。從早期的一黨獨大的國民黨是以傾向統一為主的政黨，1988年成立的民進黨則是希望能建立一個新而獨立國家的政黨，但承認目前正名是中華民國。至於國民黨分裂出來的於1993年成立的新黨及2000年成立的親民黨，立場可謂是比國民黨更傾向統一的政黨。其他有政治影響力的新興政黨，如台灣團結聯盟（台聯黨）、時代力量，台灣基進，以及民眾黨，除了民眾黨立場超越統獨外，其餘均偏向獨立。

值得注意是，曾經在立法院叱咤風雲一時且支持兩岸統一的新黨與親民黨，現在不再具有政治影響力，對於兩岸「和平統一」當然不利。相反地，許多新興的政黨都是以傾向獨立而聞名。2024年時代力量囊括不分區立委選舉2.57%的政黨票，站穩第

四大政黨的地位,台灣基進取得不分區立委選舉0.69%的政黨票,勝過親民黨得票率的0.51%、新黨得票率的0.29%。這說明在台灣傾向獨立之政黨的政治影響力仍然高於傾向統一立場之政黨。

國民黨既然支持統一,在2008年重新取得中央執政權後,理應恢復被陳水扁終止適用的「國統會」與「國統綱領」才是。將「不統、不獨、不武」作為兩岸政策的指導方針,實是顧及台灣內部的政治現實的結果。可見當「九二共識」被北京窄化為只有「一個中國原則」,而沒有「各自表述一中」的空間,再加上民進黨政府將「九二共識」等同於「一國兩制」,在台灣認同意識愈來愈強烈的情況下,使得想要重新取得執政權的國民黨,在論述「九二共識」的態度上,只能牽就政治現實,說出「『九二共識』是『沒有共識的共識』」也不奇怪。

當愈來愈多台灣人傾向維持現狀,甚至永遠維持現狀,高舉統一旗幟的政黨就不容易贏得支持。根據國立政治大學選舉研究中心2024年公布的民調,在四類「維持現狀」選項當中,民眾最支持「永遠維持現狀」,其支持度從30年前的9.8%提升至如今的33.2%,超越過去多年以來一直穩居榜首的「維持現狀再決定」,再加上民調有7成民眾不支持統一,想要勝選的政黨,必須在乎此種民意的變化!

2024年巴黎奧運羽球雙打選手「麟洋配」四強對上丹麥組

合時，場邊台灣球迷高舉寫著「Taiwan」（台灣）的綠色毛巾，台灣觀眾拿著台灣本島形狀寫著「台灣加油」的綠色海報被收被搶，最終都會把氣出在北京身上，就更讓台灣人對北京有反感，肯定不利於營造「和平統一」的環境與條件。2025年世界博覽會在日本只能以「玉山數位科技株式會社」名義參加，不論是官方或民間是中國大陸打壓或者是日本配合壓制的結果，這都會讓台灣有委屈的感覺，當然也就不樂於與打壓自己的人走在一起！

兩岸之間的外交矛盾曾於2020年在太平洋島國斐濟爆發，雙方外交官發生了肢體衝突，並互相指責對方動手。該事件在台灣引發巨大憤慨，各黨派都發聲譴責中國大陸的戰狼外交。儘管這是起意外擦槍走火事件，但是卻引發台灣朝野政黨的共同譴責，且勢必會讓台灣人民對中國大陸更加反感，難以奢望有機會創造兩岸「和平統一」的條件！

自2017年起，台灣未能參加世界衛生大會（WHA），主要原因是北京的阻撓。在Covid-19疫情期間，未能參與世衛組織（WHO）就影響台灣醫療人權的問題。未來可能流行全球的傳染病不會少，台灣的醫療人權若因WHO受限於「一中原則」而未能得到應有照顧，這股氣同樣會出在北京身上，對於兩岸「和平統一」肯定會造成負面效果。2018年4月中國大陸民航局，要求各國航空公司把官網上的「台灣」改成「中國台灣」，實際上

也加深兩岸人民情感裂痕。北京方面在反獨方面對台北步步進逼，恐無助於促進兩岸「和平統一」，兩岸的政治距離愈來愈遠，就是最好的證明！

對台釋出各項經濟利益，是中國大陸實現兩岸和統一政策目標的促統策略。兩岸2010年簽訂ECFA，是其中重要的組成部分，若是後續的服務貿易、貨品貿易及爭端解決機制都能簽訂並實施，當然會有利於兩岸經濟整合，進而為政治整合鋪路，然而因為認同問題未解決，使得2013年簽署的服務貿易不但在立法院卡關，甚至影響原本兩岸ECFA的運作。中國大陸對ECFA早收清單的對台讓利，當然希望能藉此縮短兩岸政治距離，故針對早收清單進行政治操作也不意外。

中國大陸商務部於2023年年4月12日，決定就台灣制定並正在實施的禁止進口大陸產品的相關措施進行貿易壁壘調查，並在2023年12月15日公告調查結果，認定台灣對大陸貿易限制措施構成「貿易壁壘」。當民進黨籍的總統賴清德於2024年5月20日就任後，大陸財政部隨即於5月31日宣布，將對原產於台灣的潤滑油基礎油等134個稅目進口產品，中止適用ECFA協定稅率，加上前此中止的丙烯等12個稅目產品，共有146項稅目中止優惠關稅。北京將經貿議題背後的政治目的如此赤裸裸地表達出來，難保不會讓台灣百姓產生反感，恐與欲達成「促統」的目的背道而馳！

先禁止後又開放台灣農漁產品的操作模式亦復如此，中國大陸海關總署2021年暫停從台灣輸入鳳梨、釋迦和蓮霧，因為檢出有害生物大洋臀紋粉蚧。由於釋迦、蓮霧、鳳梨銷往大陸佔外銷比率都非常高，自然引發台灣的反彈。蔡英文對此批評中國大陸刻意進行「政治干預」。由於北京對於台灣農產品有檢疫問題不是立即要求改善，而在特定時日才反應，被台灣視為政治干預可謂是一點不意外。只是原本想要以經促統政，反而變成以經害政，只能說是政策失準！

　　大陸促統最鮮明的案例，莫過於台南學甲的虱目魚契作。台南市虱目魚養殖協會理事長王文宗2011年和上海水產簽約，展開五年契作，引起全台矚目！事實上看似穩賺不賠的生意，早讓王文宗虧損累累，而對岸的上海水產，也做虧損準備。若非國台辦想讓台灣中南部農漁民經濟「有感」，否則不會撐5年。由此可見，市場從來就不是此種契作最重要的考量。凡此都說明經濟利益促統的效果有限，否則兩岸政治距離應該不會如此遙遠。

第二節　最壞劇本正在登場

　　既然兩岸「和平統一」需要美國、中國大陸與台灣三方面的政策配合，任何一方的政策不到位，都不可能讓兩岸「和平統

一」實現。美國曾經想要以自由主義的思維,亦即透過經濟合作的方式促使中國大陸和平演變,建立自由民主的政權。如此即使兩岸統一也不會因為意識形態差異而對美國的利益造成威脅,就如同亞洲的日本及歐洲的德國一樣,雖然在經濟與美國還是會有競爭關係,但是不會構成安全與戰略上的威脅。

自由主義的雙贏策略要產生效果所需要的時間較長,畢竟透過經濟體制的改變來帶動政治體制調整並不容易,偏偏美國總統一任4年、二任8年期限並不長,而且需要在任期內作出執政成績以利本身或所屬政黨繼續執政,此種長時間的策略不見得有利於勝選,反而是現實主義式的圍堵政策可以達到立竿見影的效果,因為對方一定會有相應反應,以此證明政策的有效性,但是對於轉變政權屬性沒有幫助。既然美國對中採取的是戰略圍堵政策,打台灣牌成為其圍堵中國大陸重要部分,自然不樂見兩岸「和平統一」,否則該牌就會失效。一方要兩岸「和平統一」,另一方要設法阻止兩岸「和平統一」,雙方在此議題上攤牌是遲早的事,此為最壞劇本正在登場的原因之一。

中國大陸對兩岸「和平統一」的政策,主要是從自由主義的思維出發,希望透過經濟交流與經濟融合,達到縮短兩岸政治距離,甚至政治統合的目標。從早期強調推動「三通四流」,到兩岸簽署ECFA,到近期成立「福建兩岸融合發展示範區」,都是

此背景下的產物。只是此種以自由主義的經濟交流與融合，進而帶動政治交流與統合的想法，在兩岸之間不適用，因此即使北京方面用力倡導，其政策效果也極其有限。「務實台獨工作者」都當選總統了，證明此種政策無法達到預期目的。

兩岸現在所面臨的是主權問題所衍生出來的認同問題，若是中華民國在國際上某種程度被承認，或起碼能不被否認，讓在台灣的「中國人認同」有生存空間，才會有利於兩岸「和平統一」。現今兩岸的認同問題極易被激化，任何單一事件都會造成極大風波，長此以往「和平統一」斷無實現的可能性，要統一只能訴諸武力一途了。當台灣大部分民眾已經傾向永遠維持現狀，且不統已經成為政治正確思維的情況下，勢必會與中國大陸反分裂法中「和平統一」的可能性完全喪失」，以及習近平所謂「台灣問題不能一代一代拖下去」產生衝撞。更何況中國大陸正大力推行的「反獨」、「促統」，明顯未向滿足台灣百姓認同之需要的方向發展，兩岸在「和平統一」議題上攤牌也是遲早的事，此為最壞劇本正在登場的原因之二。

台灣主要是以建構主義的認同來看待兩岸「和平統一」問題，基於中華民國在國際社會不被承認，以致「中國人認同」失去應有的基礎，取而代之是「台灣人認同」逐漸強化。在「台灣人認同」日益強化的情況下，「台灣獨立」的呼聲在台灣政治市

場始終佔有重要地位,新興政黨只要高喊台灣獨立就會有選票,就是因為受到台灣人認同的影響。在此政治氛圍下,原本支持兩岸「和平統一」的政黨不是失去政治影響力,就是避談統一,對於兩岸「和平統一」當然不利。

太陽花學運代表經濟讓利無法解決台灣人的認同問題,因此再多的「促統」手段無法拉近兩岸的政治距離,再加上外交打壓與軍事恫嚇的「反獨」措施效應遞減,結果就是讓台灣離中國大陸愈來愈遠。實際上對台灣最有利的大陸政策就是像美國90年代的對中政策一樣,透過自由主義的經濟交流與融合,促使中國大陸政權性質的改變,朝向自由民主的方向發展,台灣也可藉此取得戰略緩衝空間,畢竟中國大陸要轉變為自由民主政權,時間要花上好幾世代,台灣也可不受統獨問題困擾,為將來協商統一厚植實力,俾取得最利於台灣發展的條件。

若按照自由主義的民主和平理論──兩個民主國家之間不會發生戰爭的路徑,中國大陸一旦成為自由民主政權,兩岸之間要發生戰爭的機率將大幅降低。屆時即使台灣要公投獨立,中國大陸政權也會讓台灣人民有機會可以公投獨立,就像英國或加拿大讓蘇格蘭及魁北克有公投獨立機會一般。若兩岸統一真像中國大陸政權宣傳得那麼好,北京方面也就不需要擔心台灣會以公投手段脫離中國而獨立。然而現今台灣的政治情勢,不論政黨執政

的成績如何,只要高喊台灣隊站出來或Team Taiwan(挺台灣)就會有選票,自然也就沒有兩岸「和平統一」的空間。海峽兩岸一邊要「和平統一」,另外一邊基於政治現實完全無意「和平統一」,雙方發生衝撞也只是時間問題,此為最壞劇本正在登場的原因之三。

實際上美國,中國大陸與台灣三方的任何一方若改變原有的政策思維,就會讓兩岸「和平統一」有機會實現,亦即美國不再現實主義的霸權競爭思維來對付中國大陸,而是以自由主義的經濟交流與合作,轉變中國大陸成為自由民主政權,自然就無需阻止兩岸「和平統一」。或者中國大陸不再想以自由主義的經濟交流與融合手段,來拉近兩岸的政治距離,而是放鬆中華民國在國際空間上的壓制,讓「中國人認同」重新成為台灣民眾認同的主流,自然就有利於兩岸「和平統一」。或者台灣不再以建構主義的認同角度來看待兩岸關係或統一問題,而是用自由主義的經濟交流與合作手段,轉變中國大陸政權屬性,進而拆除兩岸戰爭引信,並為協商兩岸統一取得最佳條件。不過上述任何一方要改變政策思維的可能性都極低,這也就意味兩岸「和平統一」不可能實現。

參考文獻

川普言論讓「疑美論」加劇？數據揭賴清德執政下「台美友好」網路聲量慘輸蔡英文（7/19/2024）。台灣議題研究中心，https://www.tpoc.com.tw/article/1223.上網日期：2024年8月11日。

台無法「正名」參加大阪世博　蘇貞昌：中國打壓艱難拓空間（11/2/2022）。自由亞洲電台，https://www.rfa.org/cantonese/news/htm/tw-fair-11042022061825.html。上網日期：2024年8月22。

台灣總統府指恢復國統會報導傳言（7/6/2008）。美國之音中文，https://www.voachinese.com/a/a-21-w2008-07-06-voa34-63086757/1049445.html。上網日期：2024年8月21日。

中國暫停進口台灣產蓮霧和釋迦，兩岸水果戰再起（9/20/2021）。BBC，https://www.bbc.com/zhongwen/trad/chinese-news-58623956。上網日期：2024年8月23。

中國、美國歷年GDP數據比較。**快易理財網**https://www.kylc.com/stats/global/yearly_per_country/g_gdp/chn-usa.html.上網日期：2024年8月12日。

周子瑜事件持續發酵、兩岸三地反應強烈（1/16/2016）。**BBC**，https://www.bbc.com/zhongwen/trad/china/2016/01/160116_taiwan_chou_tzu_yu。上網日期：2024年8月17日。

為何台灣愈來愈多人想「永遠維持現狀」？（5/14/2024）。**天下雜誌**，https://www.cw.com.tw/article/5130390。上網日期：2024年8月21。

美國在台協會處長谷立言拜會總統賴清德（7/10/2024）。**美國在台協會**，https://www.ait.org.tw/zhtw/ait-director-greenes-meeting-with-president-lai-ching-te-zhtw/。上網日期：2024年8月12日。

斐濟衝突：中國台灣各執一詞的外交官打鬥事件（10/10/2020）。**BBC**，https://www.bbc.com/zhongwen/trad/chinese-news-54613294。上網日期：2024年8月22。

習近平兩岸發展關係。**中國評論**，https://hk.crntt.com/crn-webapp/cbspub/secDetail.jsp?bookid=59622&secid=59644。上網日期：2024年8月3日。

總統不分區立委分裂投票　藍綠白政黨票增小黨團滅（1/14/2024）。**中央社**，https://www.cna.com.tw/news/aipl/202401140010.aspx。上網日期：2024年8月20日。

王子瑄（1/3/2020）。台獨風暴／《德國之聲》專訪　蔡陣營發言人林靜儀：支持統一就是叛國，**中時新聞網**，2020年1月3日，https://www.chinatimes.com/realtimenews/20200103001928-260407?chdtv。上網日期：2024年8月20日。

王欽（8/31/2024）。政治正確的文字遊戲，**中時新聞網**，https://www.chinatimes.com/opinion/20240831002999-262104?chdtv。上網日期：2024年9月1日。

中華人民共和國全國人大（3/14/2005）。反分裂國家法，**新華網**，http://news.xinhuanet.com/taiwan/2005-03/14/content_2694168.htm，上網日期：2024年7月16日。

內政部。新黨，**政黨資訊網**，https://party.moi.gov.tw/PartyMainContent.aspx?n=16100&sms=13073&s=133。上網日期：2024年8月19日。

台灣基進，關於我們，**台灣基進官網**，https://statebuilding.tw/about/。上網日期：2024年8月19日。

台灣團結聯盟，黨綱，**台聯黨官網**，https://www.tsu.org.tw/。上網日期：2024年8月19日。

民進黨，台灣前途決議文，**DPP藏經閣**，https://www.dpp.org.tw/news/contents/3659。上網日期：2024年8月4日。

任以芳（9/13/2023）。陸推最強福建21條惠台《意見》 陸學者：釋出善意和國家戰略決心，**ETtoday新聞雲**，https://www.ettoday.net/news/20230913/2581196.htm#ixzz8jXqMdCgm。上網日期：2024年8月18日。

江今葉（6/7/2022）。談九二共識，朱立倫：沒有共識的共識，**中央社**，2022年6月7日，https://www.cna.com.tw/news/aipl/202206070013.aspx。上網日期：2024年8月21日。

朱世凱（12/1/2018）。老布希賣150架F-16給台灣1800億元創軍售單筆最高金額，**ETtoday新聞雲**，https://www.ettoday.net/news/20181201/1320460.htm。上網日期：2024年8月13日。

邱國強（12/15/2023）。中國貿易壁壘認定下一步陸學者：涉及台灣政局演變結果，**中央社**，https://www.cna.com.tw/news/acn/202312150215.aspx。上網日期：2024年8月23日。

吳慶才（1/14/2012）。習近平：寬廣的太平洋有足夠空間容納中美。**中國新聞網**。https://www.chinanews.com.cn/gn/2012/02-13/3665577.shtml。上網日期：2024年8月7日。

宋學文（2011）。新自由制度主義之過去、現在與未來，包宗和編。**國際關係理論**，台北：五南，頁139-174。

何庭歡（11/18/2013）。林永樂：一個月內再有斷交願負完全責任，**中時新聞網**，https://www.chinatimes.com/realtimenews/20131118003727-260407?chdtv。上網日期：2024年8月16日。

呂嘉鴻（1/25/2024）。北京施壓與台灣「斷交潮」持續：民眾有何看法？邦交國會否「清零」？**BBC**，https://www.bbc.com/zhongwen/trad/world-68090660。上網日期：2024年8月17日。

林則宏（10/30/2021）。國台辦副主任：統一後台灣財政收入盡可用於改善民生，聯合報，https://udn.com/news/story/7331/5854167。上網日期：2024年8月18日。

林昀真（5/9/2024）。6年任內斷8個邦交國、吳釗燮：每次口頭請辭被總統慰留「錯不在你」，**Newtalk新聞**，https://newtalk.tw/news/view/2024-05-09/919169。上網日期：2024年8月17日。

林倖妃（3/20/2013）。虱目魚契作　看中國臉色苦撐，**天下雜誌**，https://www.cw.com.tw/article/5047873。上網日期：2024年8月23。

於婷婷（1/1/1979）。《中華人民共和國全國人大常委會告台灣同胞書》發表，**中國共產黨新聞**，http://cpc.people.com.cn/BIG5/64162/64165/76621/76622/5230336.html。上網日期：2024年7月16日。

周佑政（8/3/2024）。巴黎奧運／球迷拿台灣標語加油遭搶　賴總統：令人遺憾，**聯合報**，https://udn.com/news/story/124095/8138354。上網日期：2024年8月21。

法務部，中華民國憲法增修條文，**全國法規資料庫**，https://law.moj.gov.tw/LawClass/LawAll.aspx?pcode=A0000001。上網日期：2024年7月

14日。

法務部，台灣地區與大陸地區人民關係條例，**全國法規資料庫**，https://law.moj.gov.tw/LawClass/LawAll.aspx?pcode=A0000001。上網日期：2024年7月14日。

法務部。中華民國憲法，**全國法規資料庫**，https://law.moj.gov.tw/LawClass/LawAll.aspx?pcode=A0000001。上網日期：2024年7月14日。

政大選舉研究中心，臺灣民眾臺灣人/中國人認同趨勢分佈，https://esc.nccu.edu.tw/PageDoc/Detail?fid=7804&id=6960。上網日期：2024年8月4日。

約瑟夫·奈伊、大衛·威爾許（2019）。張小明譯，**哈佛最熱門的國際關係課**，台北：商周。

祝潤霖（8/7/2022）。「海峽中線」消失有多傷？前空軍副司令揭嚴重後果，**中時新聞網**，https://www.chinatimes.com/realtimenews/20220807 003229-260407?chdtv。上網日期：2024年8月18日。

吳美觀（8/15/2022）。陸鎖台軍演台股還暴漲！謝金河：台灣真是個神奇的國家，**中時新聞網**，https://www.chinatimes.com/realtimenews/20220815000010-260410?chdtv。上網日期：2024年8月18日。

范正祥（4/25/2024）。接棒台聯黨主席　周倪安：努力爭取更多年輕人支持，**中央社**，https://www.cna.com.tw/news/aipl/202404250286.aspx。上網日期：2024年8月20日。

徐斯勤（2011）。新自由主義與新自由制度主義，包宗和編。**國際關係理論**，台北：五南，頁111-138。

班納迪克‧安德森（1999）。吳叡人譯，**想像的共同體：民族主義的起源與散佈**，台北：時報出版社。

郝志東（2020），兩岸關係運作方式中的謬誤與迷思，**中國評論**，第275期，頁53-57。

時代力量，簡介，**時代力量官網**，https://www.newpowerparty.tw/about。上網日期：2024年8月19日。

蔡立勳（10/10/2021）。遭中國禁638天後開放，鳳梨釋迦回不去出口盛況　背後原因不只一隻蟲，天下雜誌，2023年8月8日，https://www.cw.com.tw/article/5126860。上網日期：2024年8月23日。

蔡英文（10/10/2021）。共識化分歧、團結守台灣。**中華民國總統府**，https://www.president.gov.tw/News/26253。上網日期：2024年8月16日。

蔡浩祥（7/25/2018）。航空公司改名遭北京「剃光頭」　陸委會批霸權，**ETtoday新聞雲**，https://www.ettoday.net/news/20180725/1220493.htm#ixzz8jzeTs055。上網日期：2024年8月23日。

高長（2017）。兩岸經貿交流30年回顧與前瞻，**展望與探索**，15卷11期，頁8-15。

孫宇莉、楊荏惇（8/3/2024）。挺「麟洋」Taiwan In毛巾被沒收製造商：送你新的，**華視新聞**，https://news.cts.com.tw/cts/sports/202408/202408032358940.html Ibid.。上網日期：2024年8月21日。

習近平（1/2/2019）。在《告台灣同胞書》發表40周年紀念會上的講話，**人民網**，http://cpc.people.com.cn/BIG5/n1/2019/0102/c64094-30499664.html。上網日期：2024年8月18日。

習近平（11/16/2021）。地球足夠大，容得下中美各自和共同發展，**人民網**，http://politics.people.com.cn/BIG5/n1/2021/1116/c1001-

32284138.html。上網日期：2022年6月30日。

郭慶海（11/1/2010）。從東京電影節兩岸衝突事件說起，RFI，2010年11月1日，https://www.rfi.fr/tw/%E9%A6%96%E9%A0%81/20101101-%E5%BE%9E%E6%9D%B1%E4%BA%AC%E9%9B%BB%E5%BD%B1%E7%AF%80%E5%85%A9%E5%B2%B8%E8%A1%9D%E7%AA%81%E4%BA%8B%E4%BB%B6%E8%AA%AA%E8%B5%B7。上網日期：2024年8月6日。

賴清德（5/20/2024）。打造民主和平繁榮的新臺灣，**中華民國總統府**，2024年5月20日，https://www.president.gov.tw/Page/700。上網日期：2024年8月16日。

陳政錄（12/15/2023）。陸宣布台灣構成「貿易壁壘」國台辦：民進黨違反ECFA，https://udn.com/news/story/123466/7642655。上網日期：2024年8月23日。

陳政錄（8/7/2024）。懲治「台獨」頑固分子陸國台辦官網增設新專欄，**聯合報**，https://udn.com/news/story/7331/8145762。上網日期：2024年8月17日。

陳冠宇（10/17/2022）。未來5年對台政策、趙春山：硬的更硬、軟的更軟，**旺報**，https://www.chinatimes.com/realtimenews/20221017004549-260409?chdtv。上網日期：2024年8月6日。

陳冠宇（5/31/2024）。國台辦曝陸中止部分ECFA「根本原因」：賴清德持台獨立場不認九二共識，**旺報**，https://www.chinatimes.com/realtimenews/20240531001479-260409?chdtv。上網日期：2024年8月23日。

陸委會，國家統一綱領，**大陸資訊及研究中心**，https://www.mac.gov.tw/MAIRC/cp.aspx?n=4C58A4ADA7179B7F&s=0BA88C5B2082277F。

上網日期：2024年8月5日。

陸委會。臺海兩岸關係的發展，**大陸資訊及研究中心**，https://www.mac.gov.tw/MAIRC/cp.aspx?n=036E78FF20D91CFA。上網日期：2024年7月15。

陸委會。臺海兩岸關係的發展，**大陸資訊及研究中心**，https://www.mac.gov.tw/MAIRC/cp.aspx?n=036E78FF20D91CFA&s=0A9287F85E11C051。上網日期：2024年8月5日。

黃天才、黃肇珩（2005）。勁寒梅香：辜振甫人生紀實：一個中國涵義的政治糾葛，台北：聯經出版社，2005年，頁257-276。

黃婉婷（8/26/2024）。民調／6成7國人不認兩岸是命運共同體7成7反統一，**聯合新聞網**，https://udn.com/news/story/7331/8185525。上網日期：2024年8月27。

黃祺安（11/05/2018）。永不稱霸絕非舉手投降、「韜光養晦」是為了「有所作為」。**香港01**。https://www.hk01.com/sns/article/255200。上網日期：2024年8月7日。

黃漢華（4/28/2016）。虱目魚契作喊卡，農業合作難持續，**遠見雜誌**，https://www.gvm.com.tw/article/21817。上網日期：2024年8月23。

新華社（6/14/2024）。，王滬寧在兩岸融合發展示範區建設專題推進會上強調　貫徹落實新時代黨解決臺灣問題的總體方略　推動兩岸融合發展示範區建設取得新成效，**新華網**，http://www.gwytb.gov.cn/topone/202406/t20240614_12627874.htm。上網日期：2024年8月18日。

新聞稿（02/27/2019）。中國大陸公布「對臺31項措施」周年，其實施成果「言過其實」，所謂「惠臺融合」意在「利中促統」，**陸委會**，https://www.mac.gov.tw/News_Content.aspx?n=B383123AEADA

EE52&sms=2B7F1AE4AC63A181&s=29884F260639C6E3。上網日期：2024年8月6日。

新聞稿（10/27/2010）。東京影展事件傷害臺灣人民感情，大陸當局不可等閒視之，**陸委會**，https://www.mac.gov.tw/News_Content.aspx?n=EF3E9F53A6158F8C&sms=2B7F1AE4AC63A181&s=C4F。上網日期：2024年8月6日。

親民黨，簡介，**親民黨官網**，https://www.pfp.org.tw/tw/AboutUs04/ugC_Company.asp?hidSinglePageID=1。上網日期：2024年8月19日。

梁珮綺、繆宗翰（12/20/2018）。兩岸一家親被標籤化　柯文哲：應創造新名詞，**中央社**，https://www.cna.com.tw/news/firstnews/201812200110.aspx。上網日期：2024年8月19日。

翟思嘉（6/13/2017）。台巴斷交、李大維：對外交事務負完全責任，**中央社**，https://www.cna.com.tw/news/aopl/201706130095.aspx。上網日期：2024年8月16日。

廖小娟（2020）。社會建構主義與英國學派，張亞中、張登及編。國際關係總論（五版），台北：揚智，頁161-190。

廖舜右（2020）。現實主義，張亞中、張登及編。**國際關係總論（五版）**，台北：揚智，頁43-74。

維多利亞・普萊斯茲卡、卡特琳娜・欣庫洛娃（02/22/2024）。烏克蘭戰爭兩週年：戰爭何時結束等五個關鍵問題的答案，**BBC中文網**。https://www.bbc.com/zhongwen/trad/world-68356503。瀏覽日期，2024年7月31日。

編輯部（3/19/2021）。中美阿拉斯加會談：外交辭令之外的大白話「中國人不吃這一套」，BBC，https：//www.bbc.com/zhongwen/

trad/world-56456963。上網日期：2022年6月20日。

編輯部（1/15/2024）。中國陰狠精算8年出手10次「奪台灣邦交國」成政治工具，**中央社**，https://www.cna.com.tw/news/aipl/202401150242.aspx。上網日期：2024年8月16日。

盧業中（2020）。新自由主義，張亞中、張登及編。**國際關係總論（五版）**，台北：揚智，頁75-104。

錢利忠（1/15/2022）。國際透明組織2021年全球清廉印象指數、台灣進步3名第25創紀錄，**自由時報**，2022年1月25日，https://news.ltn.com.tw/news/society/breakingnews/3812587。上網日期：2024年8月11日。

最高人民法院、最高人民檢察院、公安部、國家安全部、司法部（6/21/2024）。關於依法懲治「台獨」頑固分子分裂國家、煽動分裂國家犯罪的意見，**新華網**，http://www.gwytb.gov.cn/topone/202406/t20240621_12629559.htm。上網日期：2024年8月17日。

劉玉秋（8/16/2022）。遭列台獨頑固名單綠委齊喊「光榮的勳章」，**中央廣播電台**，https://www.rti.org.tw/news/view/id/2141742。上網日期：2024年8月18日。

劉冠廷（8/7/2024）。國台辦增台獨頑固分子專欄藍：貼標籤不利兩岸溝通，**中央社**，https://www.cna.com.tw/news/aipl/202408070259.aspx。上網日期：2024年8月18日。

劉麗榮（2/3/2016）。，周子瑜事件國民黨：最後一根稻草，**中央社**，https://www.cna.com.tw/news/aipl/201602030237.aspx。上網日期：2024年8月17日。

鄭仲嵐（12/11/2018）。前海基會董事長江丙坤過世，生前見證兩岸關係的四大歷史時刻，BBC，https：//www.bbc.com/zhongwen/

trad/46516402。上網日期：2024年8月15日。

國台辦（2/28/2018）。關於印發《關於促進兩岸經濟文化交流合作的若干措施》的通知，**國台辦網站**，http://www.gwytb.gov.cn/zccs/bszn/jy/201802/t20180228_11928139.htm。上網日期：2024年8月18日。

國台辦（11/4/2019）。關於進一步促進兩岸經濟文化交流合作的若干措施，**國台辦網站**，http://www.gwytb.gov.cn/wyly/201911/t20191104_12214930.htm。上網日期：2024年8月18日。

國台辦（11/5/2021）。依法對蘇貞昌、游錫堃、吳釗燮等極少數「台獨」頑固分子實施懲戒，**新華網**，2021年11月5日，http://www.gwytb.gov.cn/xwdt/xwfb/wyly/202111/t20211105_12389168.htm。上網日期：2024年8月17日。

國台辦（8/3/2022）。對「台獨」頑固分子關聯機構予以懲戒，**新華網**，http://www.gwytb.gov.cn/xwdt/xwfb/wyly/202208/t20220803_12457720.htm。上網日期：2024年8月17日。

戴東清（2001）。一個中國內外有別對台灣的適用性探討，**中國大陸研究**，44卷6期，頁41-51。

戴東清（2020）。中共對台動武可能徵候之分析，**國際與公共事務**，第12期，頁35-62。

戴東清（2023）。跨文化與文明衝突，張裕亮編，**跨文化溝通與協調**，台北：五南出版社，頁7-21，

戴東清（2023）。**認清與化解台灣的五大矛盾**，台北：致出版。

謝佳興（11/3/2022）。2025大阪世博會恐無「台灣」工商團體：應設法爭取，中央廣播電台，https://www.rti.org.tw/news/view/id/2149430。上網日期：2024年8月22日。

謝賢璟（2019）。川普政府「一個中國政策」變化因素之分析，**國會季刊**，47卷第2期，頁83-110。

蘇貞昌（2006）。終止國統會運作、國統綱領適用相關決策專案報告，**國會圖書館**。https://npl.ly.gov.tw/npl/report/950306/1.pdf。上網日期：2024年7月15。

蘇進強（9/16/2013）。恢復國統綱領就在馬英九一念之間，**台灣中評網**，http://www.crntt.tw/crn-webapp/doc/docDetailCreate.jsp?coluid=247 &kindid=14041&docid=102731653&page=2&mdate=0919130654。上網日期：2024年8月21日。

Bush Announces Sale of F-16 Aircraft to Taiwan (9/2/1992). *USC US-China Institute,* https://china.usc.edu/bush-announces-sale-f-16-aircraft-taiwan-1992.Accessed August 13, 2024.

China says it has halted arms-control talks with US over Taiwan (7/17/2024). *Reuters,* https://www.reuters.com/world/china/china-says-it-has-halted-arms-control-talks-with-us-over-taiwan-2024-07-17/.Accessed August 12, 2024.

Fact Sheet: In Asia, President Biden and a Dozen Indo-Pacific Partners Launch the Indo-Pacific Economic Framework for Prosperity (5/23/2022). *The White House,* https://www.whitehouse.gov/briefing-room/statements-releases/2022/05/23/fact-sheet-in-asia-president-biden-and-a-dozen-indo-pacific-partners-launch-the-indo-pacific-economic-framework-for-prosperity/. Accessed August 11, 2024.

Joint Communique of the United States of America and the People's Republic of China (Normalization Communique) (1/1/1979). *American Institute in Taiwan*, https://www.ait.org.tw/u-s-prc-joint-communique-1979/. Accessed August 12, 2024.

Joint Communique of the United States of America and the People's Republic of China (the 1982 Communique) (8/17/1982). *American Institute in Taiwan*, https://web-archive-2017.ait.org.tw/en/us-joint-communique-1982.html.Accessed August 12, 2024.

Joint Leaders Statement on AUKUS (9/15/2021). *The White House*, https://www.whitehouse.gov/briefing-room/statements-releases/2021/09/15/joint-leaders-statement-on- aukus/. Accessed August 12, 2024.

Quad Leaders' Joint Statement: "The Spirit of the Quad" (3/12/2021). *The White House*, https://www.whitehouse.gov/briefing-room/statements-releases/2021/03/12/quad-leaders-joint-stateme nt-the-spirit-of-the-quad/. Accessed August 12, 2024.

Ratner, Ely (2018). Statement at the hearing "The future of U.S. policy on Taiwan." Committee on Foreign Relations of the United States Senate, *the 117th Congress*. December 08, 2021. https://www.foreign.senate.gov/imo/media/doc/120821_Ratner_Testimony1.pdf. Accessed August 13, 2024.

Six Assurances (8/17/1982). *American Institute in Taiwan*, https://www.ait.org.tw/declassified-cables-taiwan-arms-sales-six-assurances-1982/. Accessed August 13, 2024.

Taiwan Arms Sales (7/10/1982). *American Institute in Taiwan*, July 10, 1982, https://www.ait.org.tw/declassified-cables-taiwan-arms-sales-six-assurances-1982/.Accessed August 13, 2024.

Taiwan Relations Act (4/10/1979). *American Institute in Taiwan,* https://webarchive-2017.ait.org.tw/en/taiwan-relations-act.html.Accessed August 13, 2024.

Allison, Graham (2018). *Destined for War: Can America and China Escape Thucydides' Trap?* New York: Houghton Mifflin Harcourt Publishing Company.

Blinken, Antony J. (3/3/2001). A Foreign Policy for the American People, *US Department of State,* https://www.state.gov/a-foreign-policy-for-the-american-people/.Accessed August 11, 2024.

Broder, John M. and Jim Mann (5/27/2007), China Trade Status : Commerce: President 'de-links' most-favored-nation privilege from human rights, *Los Angles Time,* https://www.latimes.com/archives/la-xpm-1994-05-27-mn-62877-story.html.Accessed August 3, 2024.

Ford, Lindsey W. (2020). The Trump administration and the Free and Open Indo-Pacific, *Brookings,* https://www.brookings.edu/research/the-trump-administration-and-the-free-and-open-indo-pacific/.Accessed August 11, 2024.

European Communities. (2005). *Treaty Establishing a Constitution for Europe*, Luxembourg: Office for Official Publications of the European Communities.

Gellner, Ernest, (1983). *Nations and Nationalism,* Ithaca: Cornell University Press.

Gellner, Ernest, (1997). *Nationalism,* New York: New York University Press.

Hobsbawn, E.J. (1992). *Nations and Nationalism Since 1780: Programme,*

Myth, Reality, 2nd ed. Cambridge: Cambridge University Press.

Huntington, Samuel. (1996). *The Clash of Civilization and the Remaking of World Order,* London: Simon & Schuter UK Ltd.

King, John (10/18/2001). Bush arrives in Shanghai for APEC, *CNN,* https://edition.cnn.com/2001/US/10/17/ret.china.bush.apec/index.html. Accessed August 10, 2024.

King, John (12/10/2003). Blunt Bush message for Taiwan, *CNN,* https://edition.cnn.com/2003/ALLPOLITICS/12/09/bush.china.taiwan/. Accessed August 10, 2024.

Mann, Jim (9/2/1992). President to Sell F-16s to Taiwan, Officials Say, *Los Angeles Times,* https://www.latimes.com/archives/la-xpm-1992-09-02-mn-6340-story.html.Accessed August 13, 2024.

Martina, Michael and Patricia Zengerle (3/1/2018). China angered with U.S.-Taiwan travel bill, adding to tensions, *Reuters,* https://www.reuters.com/article/world/china-angered-with-us-taiwan-travel-bill-adding-to-tensions-idUSKCN1GD3HH/.Accessed August 13, 2024.

Mastro, Oriana Skylar (10/18/2023). This Is What America Is Getting Wrong About China and Taiwan, *All FSI News,* Freeman Spogli Institute for International Studies, Stanford University, https://fsi.stanford.edu/news/what-america-getting-wrong-about-china-and-taiwan.Accessed August 3, 2024.

McBride, James, Andrew Chatzky, and Anshu Siripurapu (9/20/2021). What's Next for the Trans-Pacific Partnership (TPP)? *Council on Foreign Relations,* https://www.cfr.org/backgrounder/what-trans-pacific-partnership-tpp.Accessed August 11, 2024.

National Archive (5/2/2011). Death of Osama bin Laden, Barack Obama Presidential Library, *The White House,* https://www.obamalibrary.gov/timeline/item/death-osama-bin-laden.Accessed August 10, 2024.

National Archive, The Trans-Pacific Partnership: What You Need to Know about President Obama's Trade Agreement, *The White House,* https://obamawhitehouse.archives.gov/issues/economy/trade.Accessed August 11, 2024.

Nye, Joseph S.Jr. (1997). *Understanding International Conflicts: An Introduction to Theory and History* (2nd ed.), New York: Longman.

Office of the Press Secretary (10/19/2003). President Bush Meets with President of China: Remarks by President Bush and President Hu Jintao of China, *The White House,* https://georgewbushwhitehouse.archives.gov/news/releases/2003/10/20031019-6.html.Accessed August 10, 2024.

Office of the Press Secretary (12/9/2003). President Bush and Premier Wen Jiabao Remarks to the Press, the White House, https://georgewbush-whitehouse.archives.gov/news/releases/2003/12/20031209-2.html. Accessed August 10, 2024.

Office of the Press Secretary (4/20/2006). President Bush and President Hu of People's Republic of China Participate in Arrival Ceremony, *The White House,* https://georgewbush-whitehouse.archives.gov/news/releases/2006/04/20060420.html.Accessed August 11, 2024.

Office of the Press Secretary (11/16/2015). Advancing the Rebalance to Asia and the Pacific, *The White House,* https://obamawhitehouse.archives.gov/the-press-office/2015/11/16/fact-sheet-advancing-rebalance-asia-and-pacific. Accessed August 11, 2024.

Office of the Spokesperson (12/13/2021). Secretary Blinken's Remarks on a Free and Open Indo-Pacific, *The Department of State*, https://www.state.gov/fact-sheet-secretary-blinkens-remarks-on-a-free-and-open-indo-pacific/.Accessed August 12, 2024.

Ong, Russell (2007). Peaceful Evolution, Regime Change and China's Political Security, *Journal of Contemporary China,* 16(53):717-727.

Pramuk, Jacob (8/23/2019). Trump will raise tariff rates on Chinese goods in response to trade war retaliation, *CNBC,* https://www.cnbc.com/2019/08/23/trump-will-raise-tariff-rates-on-chinese-goods-in-response-to-trade- war-retaliation.html. Accessed August 11, 2024.

Poole, Ross, (1999). *Nation and Identity,* London: Routledge.

Reuters Staff (5/17/2019). U.S. Commerce Department publishes Huawei export blacklist order, *Reuters,* https://www.reuters.com/article/usa-huawei-tech-commerce-idUKL2N22S1PZ.Accessed August 11, 2024.

Samuel, Huntington (1999). *The Clash of Civilization and the Remaking of World Order,* London: Simon & Schuter UK Ltd, 1996, p.13.

Shelton, Joanna (11/18/2021). Look Skeptically at China's CPTPP Application, *CSIS,* https://www.csis.org/analysis/look-skeptically-chinas-cptpp-application.Accessed August 11, 2024.

Tang, Didi (7/18/2024). Trump says Taiwan should pay more for defense and dodges questions if he would defend the island, *AP,* https://apnews.com/

article/trump-taiwan-chips-invasion-china-910e7a94b19248fc75e5d1ab6b0a34d8.Accessed August 11, 2024.

Tucker, Nancy Bernkopf, (2002). If Taiwan Chooses Unification, Should the United States Care? *The Washington Quarterly*, 25:3, pp. 15–28.

Wallace, Kelly (4/25/2001). Bush pledges whatever it takes to defend Taiwan, *CNN*, ,https://edition.cnn.com/2001/ALLPOLITICS/04/24/bush.taiwan.abc/.Accessed August 10, 2024.

Went, Alexander. (1999). *Social Theory of International Politics*, Cambridge: Cambridge University Press.

Wong, Edward and John Ismay. (10/5/2022).U.S. Aims to Turn Taiwan Into Giant Weapons Depot, *The New York Times,* https://www.nytimes.com/2022/10/05/us/politics/taiwan-biden-weapons-china.html.Accessed July 31, 2024.

Ukraine Crisis, Rescue.org/EU, https://www.rescue.org/eu/country/ukraine?gad_source=1&gclid=Cj0KCQjwwae1BhC_ARIsAK4Jfrwv６Hya6IEFSgkmeVQAn3ThD04UGDl0lVZIlSUyq902NH_BwvPl53QaAoT1EALw_wcB.Accessed July 31, 2024.

```
國家圖書館出版品預行編目

兩岸「和平統一」不可能實現：美國、中國大陸與台
灣的政策錯位 / 戴東清著. -- 臺北市：致出版，
2024.12
  面；　公分
  ISBN 978-986-5573-95-9(平裝)

1.CST: 兩岸關係　2.CST: 兩岸政策　3.CST: 地緣
政治　4.CST: 國際關係

573.09                                113018826
```

兩岸和平統一不可能實現：
美國、中國大陸與台灣的政策錯位

作　　者／戴東清
出版策劃／致出版
製作銷售／秀威資訊科技股份有限公司
　　　　　　114 台北市內湖區瑞光路76巷69號2樓
　　　　　　電話：+886-2-2796-3638
　　　　　　傳真：+886-2-2796-1377
網路訂購／秀威書店：https://store.showwe.tw
　　　　　　博客來網路書店：https://www.books.com.tw
　　　　　　三民網路書店：https://www.m.sanmin.com.tw
　　　　　　讀冊生活：https://www.taaze.tw

出版日期／2024年12月　　**定價**／280元

致 出 版　　　　　　　　　　　向出版者致敬

版權所有・翻印必究　All Rights Reserved
Printed in Taiwan